LOURDES

Hier

Aujourd'hui

Demain

DANIEL BARBÉ

LOURDES

Hier
Aujourd'hui
Demain

PRÉFACE

DE

Douze Aquarelles de HOFFBAUER

ÉDITEUR
Raoul MONTLOUIS
3bis, Cours de Tournon, 3bis
BORDEAUX

I

LOURDES

La ville dont le nom retentit aujourd'hui dans tout l'Univers, Lourdes, est une des plus modestes et des plus humbles des Pyrénées. Placée juste à l'entrée des montagnes, elle s'étend le long du Gave entre le Gers, le Turoun deras Justissias, le Béout et le Lapaca. Elle est protégée par le château-fort qui la domine et que l'on peut voir encore.

Le voyageur qui s'arrête dans ce vallon éprouve, d'abord, un sentiment de surprise. Rien de ce qui charme et séduit ne s'offre à ses yeux. Le paysage est quelque chose de « déjà vu »; les pics qui entourent le site sont les moins élevés de la chaîne. Point d'arbres gigantesques, de cascades jaillissantes, de villas somptueuses. Mais de pauvres chaumières, des rues tortueuses, étroites et comme privées de jour, aboutissant à une vieille église. On sort de la plaine et l'on se trouve déjà au cœur de la montagne. En hiver la neige couvre toutes les cimes, en été une herbe rare et de couleur sombre tapisse le flanc des monts escarpés et luit au grand soleil d'août.

Seul le Gave a quelque chose de saisissant et de majestueux lorsqu'au détour de la montagne il passe au pied de la ville, roulant sur les pierres et les rocs ses flots écumants.

La nuit, on se croirait au bord de l'Océan et c'est comme un murmure de vagues qui vous arrive aux oreilles, avec le bercement de l'infini. Tel est Lourdes le vieux, Lourdes d'il y a cinquante ans.

Mais si parcourant la rue qui vient de la gare le voyageur arrive à l'entrée du pont jeté sur le Gave, le spectacle change et l'on se trouve en présence d'un décor merveilleux.

D'abord, une statue de saint Michel Archange en bronze, puis la croix des Bretons, et tout à l'extrémité d'une longue place l'église du Rosaire, la crypte, la basilique, et comme fond de ce tableau rêvé les Pyrénées qui vont se perdre dans l'horizon avec leurs teintes grises.

Pendant de longues minutes l'œil contemple cet ensemble grandiose, œuvre de la nature et des hommes et qui chante aujourd'hui les grandeurs de la Dame idéalement belle qui apparut, un jour, à Bernadette, toute blanche, environnée d'une lumière éblouissante ; de la Vierge l'Immaculée Conception.

Il y a vingt ans, rien de tout cela n'existait. Les Pyrénées seules se dressaient dans leur fière solitude et le touriste passait vite dans ce lieu sauvage, fuyant cette gorge déserte, attiré qu'il était par les autres villes, les stations, ces coins si enchanteurs de nos Pyrénées.

Aujourd'hui le miracle s'est opéré ; la nature s'est laissé façonner par l'homme ; les flancs des montagnes se sont ouverts ; le Gave s'est écarté de son lit, les pierres blanches se sont élevées dans les airs, au milieu d'un épanouissement merveilleux de sculpture. Et toutes les nations accourues à l'appel de l'enfant se sont agenouillées sur le sol béni de la Grotte, et Lourdes a surgi par dessus les plus hautes cimes laissant se répandre sur l'Univers entier un peu de la lueur mystérieuse qui emplissait la Grotte au jour des apparitions.

Et le voyageur contemple, il admire toujours et mille pensées lui viennent à l'esprit.

A travers cet amoncellement artistique de pierres, derrière ces merveilles d'architecture, sous les grands arceaux de l'église du Rosaire, dans l'eau fuyante du Gave, il cherche le mystérieux, le surnaturel, la cause de ce décor féerique ; l'âme allant sur toutes ces choses les interroge et le regard rencontre alors la Vierge de l'Esplanade, la Vierge aux yeux d'azur, au diadème d'or, à la longue robe blanche, aux pieds fleuris de roses, et il lui revient de tout cela et des montagnes l'écho redisant les paroles de la Vierge :

« Je veux qu'il vienne ici beaucoup de monde. »

La main qui a signé ce tableau est une main divine et le voyageur n'a plus qu'à s'agenouiller et à réciter, lui aussi, l'*Ave Maria*, car il est sur une terre sacrée.

Et les détails de cette œuvre, maintenant, comment les enregistrer ! que dire de ces magnificences, de cette Basilique, ce petit bijou qui excite à un si haut degré l'admiration de tous les artistes ?

Placée sur les roches Massabielle, le sanctuaire juste au-dessus de la Grotte, elle s'élance gracieuse et légère dans les airs. La flèche d'une délicatesse exquise porte à son sommet une couronne d'or et des croisillons s'envolent harmonieuses les notes d'un carillon qui vient, à tous les quarts d'heure, redire la première phrase du *Parce Domine*, en réponse aux paroles de la Vierge : *Pénitence! Pénitence!*

Au-dessus de la porte d'entrée le portrait de Pie IX qui proclama le dogme de l'Immaculée Conception bien avant les apparitions.

L'immortel pontife porte le camail rouge bordé d'hermine, et sur ses traits d'une finesse tout italienne est ce sourire qui charmait tous ceux qui ont pu l'approcher.

Ce médaillon est une mosaïque des mieux réussies sortant des ateliers du Vatican.

Les cloches fondues à Paris chez Hildebrand ont été offertes par M. Gaston de Béarn et bénites par Son Eminence le cardinal Donnet, archevêque de Bordeaux.

La Basilique a 51 mètres de long sur 21 de large. Elle est construite en pierre de Lourdes et d'Angoulême. Du côté de la Grotte est une galerie ordinairement fermée.

L'église a été construite par M. Hippolyte Durand sous l'épiscopat de Mgr Laurence.

Après avoir admiré la belle statue de la Vierge en marbre blanc, qui se trouve à l'entrée, nous pénétrons dans la Basilique.

Que n'a-t-on pas écrit sur ce monument et que reste-t-il à dire aujourd'hui !

A côté de nos cathédrales la Basilique de Lourdes est une chapelle ; ce qui la distingue ce sont les richesses qu'elle contient.

Tout ce que la piété reconnaissante a pu trouver de délicat et de beau, est là, amoncelé, presque enfoui. Les pierres de la nef et des chapelles latérales apparaissent à peine, on les devine derrière les ex-voto de toute sorte. Aux voûtes pendent des bannières où se lisent le nom de tous les pays : Belgique, Angleterre, Roumanie, États-Unis, Brésil, Canada, Mexique, Autriche, Irlande, Espagne, Portugal, etc., etc.

Le monde entier est là resplendissant en lettres d'or sur des broderies merveilleuses.

Toutes les villes de France sont également représentées. Et lorsque le grand vent des Pyrénées s'engouffrant dans la Basilique fait frissonner ces bannières et ces oriflammes, il sort de ce frôlement de soie et de velours comme un hymne glorieux chantant la grande victoire remportée par la foi sur le scepticisme, en cette fin du XIXe siècle.

On compte à peu près huit cents bannières, et chaque jour il en arrive de nouvelles; la place manquera bientôt.

L'autel majeur est en marbre de Carrare. Il est signé Bresson, architecte, et Bonnet, sculpteur : tous deux Lyonnais. Au-dessus du tabernacle est la Vierge de l'Apparition en marbre blanc.

M. Cabuchet, un artiste parisien, a fait là une œuvre remarquable.

C'est cette Vierge qui a été couronnée par le Nonce accrédité en France, représentant Pie IX. La couronne faite d'étoiles d'or et de diamants sort des ateliers de M. Mellerio. Lorsque l'autel est illuminé elle brille d'un éclat sans pareil. C'est une des richesses de la Basilique.

Aux pieds de la Vierge, Pie IX a déposé l'hommage de sa vénération; c'est une palme en or avec des émaux que lui avaient offerte des habitants de Majorque.

Sur cette palme est l'inscription suivante : « De pieuses âmes de Majorque à Pie IX, martyr et confesseur. »

Au jour des solennités le sanctuaire est couvert par un superbe tapis portant au milieu dans un médaillon les armes de Pie IX et de la Maison de France.

Parmi les lampes qui brûlent nuit et jour l'on montre aux visiteurs la lampe d'Irlande, une œuvre d'art.

Le sanctuaire est séparé des chapelles latérales par une haute grille en fer doré de l'effet le plus gracieux. Le public peut circuler tout autour et contempler ainsi de près les ex-voto pendus aux murs.

Rien ne serait intéressant comme une série de notes sur ces ex-voto. Si ces objets pouvaient parler, que de secrets ils révéleraient ! Que de souffrances, que de larmes, que de tristesses, que d'angoisses, que d'espérances déçues ont amené ceux qui les ont déposés aux pieds de la Vierge après avoir été exaucés !... Croix de la Légion d'Honneur, et d'ordres étrangers, sabres, épées, épaulettes, navires, bijoux de grande valeur, couronnes, tout cela se confond, et de ce mélange mystérieux et qui saisit s'échappe comme une acclamation en l'honneur de Celle qui sourit à ceux qui pleurent, et qui rend la vie à ceux qui allaient mourir.

Aussi dans la Basilique ce ne sont pas les merveilles d'architecture qui séduisent, mais bien tous ces souvenirs, et l'on passe des heures entières à examiner toutes ces choses que le temps recouvre déjà d'un peu de poussière et qui traduisent dans un langage que l'on ne saurait reproduire les sentiments les plus purs de la reconnaissance la plus profonde.

Autour de l'église, le long de deux petites nefs, sont de nombreuses chapelles.

Signalons celles du Sacré-Cœur, juste derrière l'autel majeur, de Notre-Dame de la Salette, du Rosaire, des Victoires, du Mont-Carmel, etc., etc.

Il y a en tout quinze chapelles. Toutes ont un petit autel placé dans la direction de l'autel majeur, et un confessionnal.

Les vitraux représentent les différentes scènes de l'Apparition et les principales pages de l'histoire de Lourdes.

C'est une galerie des plus intéressantes.

Nous ne parlerons pas des orgues, des sacristies, du magnifique ostensoir mesurant 1 mètre 35 de hauteur et que l'on montre aux pèlerins, et de mille autres choses qui forment le trésor de la Basilique, et que l'on peut voir sur une simple demande.

Nous descendons dans la crypte : c'est une chapelle qui s'enfonce dans le roc et dans laquelle règne un éternel demi-jour.

La voûte est basse, les piliers partagés en colonnes; les autels comme enfoncés dans des niches, et sur les murs des ex-voto; des cœurs en or, des lampes. Aucun bruit extérieur n'arrive dans cette enceinte, cette espèce de catacombe où viennent s'agenouiller ceux qui veulent répandre loin de la foule, et dans l'intimité, les larmes qui consolent, tandis que des lèvres s'échappent ces mots de la prière qui seuls dans les grandes tristesses peuvent mettre un peu de calme au fond du cœur et apporter à l'âme meurtrie un peu de cette espérance, la plus grande faveur peut-être que puisse accorder à ceux qui la supplient la Vierge qui pleura au Calvaire et qui vit mourir son Fils.

Au bas, au niveau de la place, est la nouvelle église du Rosaire.

L'architecte est M. Hardy. Le monument n'a pas à proprement parler de style. C'est une vaste rotonde recevant la lumière par une lanterne formant dôme. Il n'y a pas un seul vitrail. Cette particularité donne à l'ensemble un cachet tout à fait étrange.

Le Rosaire a 48 mètres de long, sur 52 de large. Le dôme est à une hauteur de 16 mètres.

Tout autour sont quinze chapelles recevant également le jour par des lanternes dissimulées dans la voûte. L'ornementation est des plus simples. Les murs sont couverts d'ex-voto placés dans des cadres et faisant rayon à une croix grecque placée juste au-dessus de l'autel.

Ces chapelles représentent les quinze mystères du Rosaire.

Le grand avantage qu'offre la forme du Rosaire, — et c'est ce qui explique la construction de l'église, — est que les pèlerins peuvent voir l'autel de toutes les parties de l'édifice; aucun pilier ne vient intercepter la vue.

A la date où paraît ce livre les décorations ne sont pas encore faites.

Des mains pieuses ont orné de roses et de guirlandes les murs et la voûte, ainsi que la sainte table et la tribune des orgues.

Il faudra encore de grosses sommes pour achever l'intérieur de ce monument qui aura certainement, dans quelques années, les richesses de la Basilique.

Ajoutons que jusqu'ici le Rosaire a coûté 3,136,556 francs.

Commencé en 1883, il était consacré en 1889 par le Cardinal Archevêque de Toulouse.

Le portail est un grand vitrage qui laisse entrer la lumière et le soleil dans cet édifice.

Sur le tympan est le groupe de Notre-Dame du Rosaire.

C'est d'un effet très artistique.

Sur le côté de l'église est un escalier tournant qui conduit à la crypte et à la Basilique. Les voyageurs qui ne veulent pas s'engager dans cette tourelle ont à l'extérieur deux immenses rampes qui viennent aboutir en fer à cheval au-dessus du Rosaire. Ces deux rampes sont formées d'immenses arceaux, en marbre gris des Pyrénées, et sont d'un effet grandiose. Écrasant un peu le Rosaire, elles complètent cependant l'ensemble et rien n'est plus beau qu'une procession descendant à la Grotte par ces deux voies qui encadrent admirablement la vaste place où se trouve la Vierge avec les couleurs de l'Apparition.

Le soir, lors de la procession aux flambeaux, l'effet est indescriptible.

La Basilique illuminée apparaît comme dans une apothéose au-dessus des milliers de cierges, véritables constellations qui glissent lentement dans la nuit profonde à travers la montagne et qui viennent se confondre et se mêler au pied de la Grotte dans un embrasement féerique au milieu des chants et des acclamations des pèlerins enthousiasmés.

II

LA GROTTE

Quelque chose de simple, de primitif, de déjà vu, un reste de rocher.

. . . .

Ceux qui n'ont pas vu Lourdes ont pu penser, peut-être, que les catholiques avaient déployé une mise en scène merveilleuse, et que les yeux étaient séduits avant l'âme. Beaucoup se sont dit que l'endroit avait été bien choisi dans les Pyrénées, et que le site seul devait attirer les curieux et les touristes.

Et cependant rien de tout cela n'est vrai.

Un quartier de rocher noirci par la fumée sur le flanc duquel poussent quelques arbrisseaux, une Vierge en marbre blanc dans une espèce de niche naturelle, des béquilles et des cierges... Voilà la grotte.

Mais les yeux, malgré tout, restent fixés sur ces rochers mystérieux, et dans ces cavités sombres le passant cherche la vision de l'au-delà, cette trace de l'Apparition, dont les pieds effleurèrent les branches de l'églantier que des mains pieuses entretiennent et que soutient un petit treillis recouvert de mousse.

Lourdes est là ! et l'on oublie les splendeurs des églises, le Gave n'a plus le murmure berceur de ses flots; les cimes des monts voisins sont loin, là-bas, derrière le feuillage des grands arbres qui ombragent la grotte, et le paysage est des plus paisibles.

Les Pyrénées ne sont plus.

Et pourtant, depuis des années, les peuples accourent et se

prosternent, les nations semblent se réveiller, le scepticisme essaie en vain d'opposer sa froide indifférence à l'élan enthousiaste des croyants, la Vierge est toujours là, pâle sous son voile de marbre, et le monde entier salue de ses acclamations le nom de la petite ville aussi connue aujourd'hui que les plus grandes capitales.

Le canal a été desséché et le lit du Gave écarté, le bitume recouvre le sol.

L'espace n'est pas immense, quelques centaines de personnes peuvent, à peine, se placer; mais le flot humain roule sans cesse, et c'est un mouvement perpétuel, les jours de pèlerinage.

Une grille en fer ferme l'entrée du rocher. Outre la grande porte du milieu, il y a de chaque côté deux petites portes pour faciliter le service d'ordre lorsque les pèlerins sont nombreux. Pendant l'été un autel est dressé, et la messe est dite et la communion distribuée. Des milliers de cierges brûlent nuit et jour.

La niche, où se trouve la Vierge, est à quelques mètres au-dessus du sol, pas très haut; le regard y atteint sans effort.

Sur le bord, l'églantier qui étend ses branches vieillies, aujourd'hui les seuls témoins vivants de l'Apparition; puis dans l'ovale de l'excavation, la statue de la Vierge en marbre blanc. Autour de la tête est l'inscription suivante en lettres émaillées : *Je suis l'Immaculée-Conception.*

L'artiste, M. Fabisch, de Lyon, a essayé de reproduire la vision céleste. Il s'est efforcé de donner au marbre une âme qui puisse parler aux âmes des passants, et la vue de cette statue qui se dresse toute blanche produit une impression étrange. Ses yeux n'ont pas de regard, et cependant ils paraissent s'illuminer d'une lueur insaisissable.

Celui qui contemple voit comme la vie à travers la matière morte, et dans le fond noirci de l'anfractuosité on cherche comme si quelque chose était resté de l'Apparition !

C'est une sensation indescriptible que l'on ressent, surtout loin de la foule, un jour de calme et de silence.

Au-dessus, dans les airs, au milieu du ciel bleu, passent les nuages blancs, et les notes mélancoliques du carillon redisant toujours la même chose font comme une musique de rêve qui serait l'écho d'une voix d'en haut.

. . . .

Des flots d'encre couleront sur Lourdes : des récits seront faits inconnus jusqu'ici, et qui présenteront un intérêt très vif; pendant de longues années, des siècles peut-être, les romanciers à la mode viendront tremper leur plume dans l'eau de la source; mais personne ne pourra dire avec les mots ce que l'on éprouve, là, dans ce tout petit coin des Pyrénées, où l'enfant, la bergère ignorante, nous a dit avoir vu la Vierge.

Que le passant continue sa route; qu'il entre dans la gorge qui conduit à Pau, il trouvera des sites d'une sauvagerie sublime; il apercevra des fonds de vallée sur lesquels plane comme le mystère insaisissable. Il y verra des flancs de montagnes aux cimes couvertes de neige, et que n'a jamais foulés un pied humain, et lorsque, le jour tombant, les derniers rayons du soleil jetteront un peu d'or sur l'herbe et les rochers, il attendra le moment où quelque chose d'étrange doit se produire. . . . .

Ce décor irait bien au tableau des apparitions.

Mais, à Lourdes, la main de l'homme a transformé la nature; l'on dirait presque une grotte artificielle. Aussi faut-il qu'un aimant irrésistible attire les masses, faut-il surtout, que là, sur le bord du Gave, où paissaient quelques moutons et où les enfants ramassaient du bois mort, Marie, la mère du Christ, ait parlé.

Le clergé est venu le dernier à la Grotte et les préparatifs ne furent pas faits pour séduire les masses.

Telle est l'impression produite sur tout homme qui va à Lourdes, et tel est le grand miracle : ce concours immense de pèlerins de tous les pays.

A gauche de la Grotte est une borne en marbre gris des Pyrénées sur laquelle sont gravées les paroles de la Vierge : *Allez boire à la fontaine et vous y laver*. Trois robinets laissent s'échapper l'eau de la source qui tombe dans un bassin et de là va se perdre dans le Gave. A droite se dresse une chaire en marbre.

A quelques mètres est une grande plaque de marbre portant l'inscription suivante :

« L'an de grâce 1858, dans la grotte de Lourdes, dite de Massabielle, au creux du rocher où l'on voit la statue, la Sainte Vierge apparut à Bernadette Soubirous dix-huit fois : le 11 et le

14 février ; chaque jour du 18 février au 8 mars, deux jours exceptés ; le 25 mars, le 7 avril et le 16 juillet.

« La Sainte Vierge dit a l'Enfant :

« Voulez-vous me faire la grâce de venir pendant quinze jours ? Je ne veux pas vous rendre heureuse dans ce monde, mais dans l'autre. — Je désire qu'il vienne ici beaucoup de monde. »

« La Sainte Vierge dit pendant la quinzaine :

« Vous prierez pour les pécheurs. — Vous baiserez la terre pour les pécheurs. — Pénitence ! Pénitence ! Pénitence ! — Allez dire aux prêtres qu'il doit se bâtir ici une chapelle. — Je veux qu'on vienne ici en procession. — Allez boire à la fontaine et vous y laver. — Vous mangerez l'herbe qui est à côté. »

« Le 25 mars la Vierge dit :

« Je Suis l'Immaculée Conception. »

Entre cette plaque de marbre et les piscines l'eau de la source est encore distribuée dans un long réservoir en marbre où les pèlerins viennent se laver.

En face, la colline des Monastères, au nombre de six, savoir : les Clarisses, les Carmélites, les Dominicaines, les Sœurs de l'Immaculée-Conception, l'Hospice de Notre-Dame des Sept-Douleurs, les Sœurs de Nevers.

A droite de la Grotte est une allée plantée d'arbres où les pèlerins viennent s'abriter contre les rayons du soleil et bien souvent prendre leurs repas portés dans des paniers.

Encore un tableau des plus pittoresques que ce campement en plein air.

Sur la place du Rosaire est un bâtiment appelé l'Abri des pèlerins. Il y a deux vastes salles, l'une au rez-de-chaussée, l'autre au premier étage. L'entrée est libre. Signalons également derrière la Basilique la splendide habitation des religieux gardiens de la Grotte et le Palais épiscopal, puis un peu plus bas, la Chapelle de Sainte-Madeleine placée dans les ·· ttes des Spélugues. On y célèbre la Messe les jours de grande affluence. Au-dessus des grottes est le Calvaire. Tracé à travers la montagne, les stations indiquées par une grande croix de bois, ce Calvaire domine la ville et la Basilique.

C'est là que se fait la grande procession aux flambeaux. Pour soutenir le chemin qui va au sommet, de grands arceaux en maçonnerie ont été faits. Encore une œuvre fort remarquable.

Si en temps ordinaire, le calme règne dans cette solitude, les jours des pèlerinages, en revanche, c'est l'animation la plus incroyable, la vie la plus intense.

La foule est comme prise de délire, et les processions s'entrecroisent, laissant flotter au vent leurs bannières multicolores; les groupes vont et viennent, les supplications se mêlent aux vivats, les paroles du *Miserere* se confondent avec celles du *Te Deum*, et au-dessus des têtes passent sur des brancards les malades qui vont, les yeux fixés sur la Grotte, se plonger dans les piscines.

Le tableau est indescriptible; c'est là le véritable Lourdes, la véritable manifestation religieuse devant laquelle s'inclinent, nous l'avons vu l'an dernier, les têtes les plus fières, et qui nous met au cœur une émotion forte et douce à la fois.

La vie matérielle n'est plus, c'est l'âme dégagée de la forme terrestre qui vit, qui parle, qui agit; l'homme est comme transfiguré.

Et, le soir, les processions aux flambeaux !

Cette montagne qui s'illumine tout à coup d'étoiles que l'on dirait portées par des ombres qui vont glissant le long des lacets.

La nuit est venue, le calme d'une heure a cessé, les cloches sonnent, et la croix passe. Derrière, des milliers de fidèles un cierge à la main. De toutes les bouches s'envolent les mots de la Salutation angélique : *Ave Maria*, et les rangs se forment et se déroulent, et voilà la longue théorie noire qui s'engage dans la montagne. Elle monte, elle monte, une lueur étrange la suit et l'éclaire à demi; bientôt c'est comme un long serpent de feu qui entoure les flancs de la hauteur, et alors viennent comme des nuages, comme de l'infini, des échos de voix troublant le grand silence de la nuit. Les voix d'en bas répondent ; mais la distance supprime bientôt l'accord et alors c'est une immense clameur qui vous environne, l'oreille ne perçoit plus que des sons confus, chaque pèlerin chante sur son rythme, et c'est bien l'*Hosanna* de la création qui monte vers Dieu et qui salue la Vierge.

. . . .

Puis les lumières descendent, la croix repasse, et quelques instants après c'est un gigantesque embrasement de la Grotte, de la Basilique et de l'esplanade. On dirait une fournaise ardente, et les cieux sont comme éclairés par cette lueur que forment les cierges assemblés.

. . . .

La fatigue n'est pas encore venue pour les pèlerins, et minuit sonne, qu'ils sont là agenouillés, priant encore.

A ce moment les messes commencent, et la journée aussi, et ainsi pendant des mois.

Le surnaturel est là, dans tous ces détails, dans cette confiance des peuples, dans cet enthousiasme qui dure des mois, à l'encontre d'autres enthousiasmes, même les plus nobles, qui s'effacent après quelques minutes.

Près de la Grotte se trouvent les piscines.

L'intérieur est des plus simples. Il est dit que tout préparatif aura été négligé, et que la foi seule pourra donner à Lourdes sa physionomie spéciale.

Un médecin très renommé de la capitale, qui fut l'ami de l'Empereur du Brésil, a affirmé dernièrement que les miracles n'avaient pas été importés dans l'humanité par le christianisme. De tout temps, les peuples ont eu comme soif du surnaturel, et les sources ont coulé auxquelles les croyants attribuaient des vertus curatives.

Nous ne contesterons pas l'assertion du docteur ; il y a certains miracles qui doivent considérablement gêner ceux qui croient que les nerfs sont tout ici-bas, et qu'il suffit d'une impression plus ou moins forte pour déterminer des phénomènes dans l'ordre physique.

Mais où les puiser ces impressions fortes ; quel est donc ce spectacle qui agira sur le système nerveux avec la force nécessaire pour provoquer une dérogation aux lois de la nature.

A Lourdes, rien de plus banal que les piscines, on a pris soin d'écarter tout ce qui pourrait tant soit peu séduire ou impressionner. Tout est à l'extérieur.

A peine le jour entre-t-il dans ces petites chapelles.

La lumière pénètre là dans cette solitude comme à regret. C'est un reflet plutôt qu'une clarté.

Les murs sont nus et froids. Une toute petite image de la Vierge peinte sur un vitrail orne seule ce lieu.

Les piscines sont partagées en deux parties par un rideau.

Dans la première est le vestiaire. C'est là où sont déshabillés les malades.

Quelques personnes peuvent prendre place dans ce carré étroit. L'autre partie est réservée à l'immersion. Au milieu, un bassin de deux mètres de long environ sur un de large. A l'extrémité, de chaque côté, deux gros robinets déversent l'eau qui est changée trois fois par jour seulement. Dans cette eau sont plongés les malades quelles que soient leurs infirmités.

Maladies contagieuses ou autres, peu importe, les croyants se laissent plonger dans la piscine et l'on ne cite pas un cas où quelqu'un ait été contaminé.

C'est là encore un grand, un très grand miracle, et plus d'un sceptique hésiterait à prendre un bain après un malade couvert d'ulcères. Et cependant, dans les mois d'août et de septembre, c'est par milliers que l'on peut enregistrer de ces exemples merveilleux.

Il y a pour les femmes deux piscines et une pour les hommes, comprenant chacune trois baignoires.

Les malades sont plongés par les brancardiers qui se recrutent dans tous les rangs de la société, et qui se dévouent gratuitement durant les pèlerinages.

D'après le genre de maladie l'on se sert, pour plonger les malades, de la courroie ou du drap percé.

Si le malade peut le supporter, on lui place une courroie sous les jambes et l'autre sous les reins ; l'extrémité est tenue par quatre personnes.

Les autres malades sont déposés sur le drap.

Avant, pendant et après l'immersion, des prières sont récitées.

Avant, le choix des prières est laissé aux personnes qui accompagnent les malades. Ce sont toutes des prières à la Vierge.

Lorsque le malade est déshabillé, les brancardiers l'entourent et on lui fait réciter l'*Acte de Contrition*.

Pendant l'immersion les prières suivantes sont dites.

Ce sont les seules expressément indiquées.

Les voici dans leur ordre :

Bénie soit la Sainte et Immaculée Conception de la Bienheureuse Vierge Marie, Mère de Dieu.

Notre-Dame de Lourdes, priez pour nous.

Ma Mère, ayez pitié de nous.

Notre-Dame de Lourdes, guérissez-nous pour l'amour et la gloire de la Sainte Trinité.

Notre-Dame de Lourdes, guérissez-nous pour la conversion des pécheurs.

Santé des infirmes, priez pour nous.

Secours des malades, priez pour nous.

O Marie conçue sans péché, priez pour nous qui avons recours à vous.

(Toutes ces invocations sont répétées trois fois.)

Lorsque le malade le peut, il récite, lui aussi, ces prières ; les autres, les paralytiques, les muets, ou bien ceux dont l'état de prostration est trop profond, prient du regard.

. . . .

Certains font des efforts inouïs pour joindre les mains et la foi illumine tous ces pauvres visages pâlis par de longues souffrances, et la résignation apparaît en eux dans sa sublime beauté.

Les poitrinaires surtout ont de ces regards qui effraient et qui troublent.

. . . .

Ils sont là, avec la charpente osseuse qui perce sous la peau jaunie. Les mains allongées et crispées se tiennent aux brancardiers ; ce sont des fantômes qui se dressent sous le long peignoir et ils descendent dans la piscine. Ils entrent dans cette eau glacée, ils s'allongent, et ces êtres condamnés à une mort prochaine, restent là, sans un mouvement, sous les yeux des docteurs émerveillés. Un frisson, à peine, secoue quelquefois ces corps; mais la fièvre n'augmente pas, mais la toux ne monte pas étouffante à la gorge et l'eau coule toujours glacée, et tandis qu'au dehors la foule acclame Dieu et la Vierge, tandis que toutes les supplications imaginables sont lancées par des milliers de bouches, tandis que les bras en croix, hommes et femmes implorent la guérison si désirée, lui, le malade, se relève confiant; ses lèvres murmurent tremblantes une prière de reconnaissance; il n'est pas toujours guéri, mais l'eau froide ne l'a pas tué, et nous avons vu de ces êtres perdus se traîner ensuite à la Grotte et prier longuement Celle qui sourit toujours à ceux qui ont foi en sa parole.

C'est un miracle, celui-là, et non des moins grands.

. . . .

Les personnes qui ont des malades et qui savent quelles précautions sont prises pour éviter le plus léger refroidissement pourront comprendre tout ce qu'il y a de miraculeux dans cette immersion.

De pauvres infirmes souffrant de rhumatismes viennent aussi et au grand étonnement des sceptiques qui s'indignent même parfois, et qui vont jusqu'à protester au nom de l'humanité, ils se laissent plonger dans la piscine. Au lieu des cris de douleur que tout le monde attend, ce sont les mots de la prière confiante qui s'échappent de leurs lèvres et sur leurs traits, contractés par la souffrance, sur leur visage pâli dans l'insomnie, un sourire plein d'espoir vient prouver aux incrédules que, si la Vierge ne croit pas devoir obtenir de Dieu la guérison des malheureux, elle empêche, du moins, que ceux qui ont eu confiance en Elle ne soient trompés et ne trouvent la mort là où il semblait qu'ils dussent retrouver la vie et la santé.

Et le défilé continue; les maladies les plus étranges, les plus horribles se présentent, tout ce que la terre peut produire de difforme et de triste; tout cela se plonge dans l'eau, tout cela prie et chante et cependant loin de la foule, loin de ce qui pourrait — en se plaçant à un point de vue humain — soutenir et enthousiasmer. Non ! c'est la foi seule qui parle et fait agir, et les médecins étonnés regardent encore, ils examinent, ils auscultent,

ils prennent des notes, rédigent des rapports; et lorsque le miracle s'accomplit en entier, lorsque le malade sort guéri de la piscine, il s'écoule une minute solennelle où l'on se sent effrayé, et, comme autrefois, l'on a peur de mourir, car il semble que l'on ait vu Dieu.

. . . .

Il faut avoir vécu cette minute pour comprendre ce sentiment. Il ne s'agit plus de dogmes, ni de mystères que l'Église catholique enseigne; mais l'on se trouve en présence d'un fait matériel que l'on peut constater et que l'on ne saurait nier. Que le malade, en effet, sorte guéri ou non de la piscine, il y a là une dérogation aux lois de la nature, et en tous cas pas un des sceptiques, atteint de la plus légère bronchite, ne voudrait, même en été, se plonger dans cette eau. Et cependant nous avons vu des moribonds se laisser plonger en hiver sans qu'une aggravation de mal s'ensuivit.

Dans notre dernier chapitre nous enregistrons quelques miracles contrôlés par des médecins éminents.

Le matin jusqu'à six heures, et le soir de sept à neuf, les piscines sont réservées aux personnes non atteintes d'infirmités et qui viennent là pour demander une grâce. L'eau des piscines n'est renouvelée que trois fois par jour, vers onze heures, trois heures et six heures.

En face des piscines est une vieille construction, qui sert de bureau de constatation. C'est là que se réunissent les médecins, et que sont déposés les certificats.
Aucun malade, en effet, n'est admis dans les piscines, officiellement du moins, sans un certificat signé du docteur qui l'a soigné. Cette précaution est prise pour éviter toute supercherie.
Derrière les piscines se dresse le rocher sur lequel est bâtie la Basilique.
En face de tout cela, la colline des monastères, la prière et la

contemplation perpétuelles, les Ave égrenés sur de longs rosaires et les cloches appelant à l'office.

. . . .

Lourdes est là ! plus rien après, que les monts et les gorges. Lorsque le voyageur fatigué s'arrête sur cette colline et contemple le paysage, il lui vient à l'âme une impression de calme profond; et quoi que l'on fasse pour demeurer indifférent, l'on revoit, malgré soi, là, au fond de la vallée, sur le bord du Gave à l'eau claire, la petite Bernadette, les deux mains jointes, les yeux fixés sur la Grotte, et l'on croit apercevoir encore comme un reflet de cette lueur mystérieuse dont s'illuminait l'Apparition; c'est une espèce de fascination que l'on subit, fascination dont beaucoup essaient de se défendre sans pouvoir y parvenir.

Bien des critiques ont été faites sur Lourdes. Pendant de longues années, les légendes les plus ridicules ont été mises en cours par des personnes ne comprenant rien aux choses de la foi; l'on a tout tenté pour étouffer ces manifestations, et cependant Lourdes est là, souriant, à l'entrée de la merveilleuse vallée qui conduit à Pau.

Ses églises se dressent superbes, et les foules viennent toujours s'agenouiller devant la Grotte, ornée seulement de lierres et de pervenches et dorée par le grand soleil du Midi.

III

LES APPARITIONS

En février 1858 vivait à Lourdes, dans la rue des Petits-Fossés, a famille Soubirous. Le père, un brave montagnard, avait exploité un moulin sur le Gave, mais la fortune ne le favorisant pas, il avait dû abandonner son métier pour entrer au service des propriétaires de la commune et des environs.

De son mariage avec Louise Casterot de nombreux enfants étaient nés.

L'une des filles, Bernadette, avait été confiée à des parents de la commune de Bartès, où elle gardait les troupeaux. Mais l'âge était venu où l'enfant devait faire sa première communion et ses parents l'avaient rappelée à Lourdes.

Bernadette était âgée de treize ans environ. De taille moyenne, elle avait un visage d'une douceur particulière. Ses traits brunis par le grand soleil des Pyrénées étaient d'une délicatesse rare. Ce n'était pas l'enfant rude des montagnes, mais déjà la voyante, l'extatique, et sur ses yeux bleus semblait se refléter toujours comme une lueur étrange venant de cet au-delà mystérieux dans lequel elle devait bientôt pénétrer.

Elle souffrait d'un asthme et sa mère ne l'envoyait pas au dehors mais la gardait près d'elle. Bernadette avait cependant le désir du grand air, et le 11 février 1858 elle supplia sa mère de lui permettre de suivre sa sœur Marie et une amie Jeanne Abadie, et d'aller, elle aussi, sur les bords du Gave et du canal ramasser du bois mort. La mère s'y opposa tout d'abord; mais, comme inspirée, l'enfant insista et réussit à arracher la permission.

Vers onze heures Bernadette partit. Elle était vêtue d'une robe noire toute rapiécée et fanée. Elle avait aux pieds des sabots, et sur sa tête, en outre du mouchoir qui lui servait de coiffure comme à ses compagnes, un capulet blanc qui retombait sur les épaules couvrant la poitrine et les bras. L'enfant était joyeuse et traversa gaîment le pont jeté sur le Gave pour entrer dans l'île du Chalet. Marie et Jeanne se mirent aussitôt à l'ouvrage et dans leurs tabliers les branches mortes s'entassèrent. Mais Bernadette était déjà fatiguée et n'avait pas encore ramassé un seul morceau de bois, lorsqu'elle vit ses compagnes aux pieds des roches Massabielle, sur le bord opposé du canal.

Elle voulut les rejoindre, mais l'eau étant glaciale elle dit à sa sœur de jeter au milieu du canal qui était presque à sec quelques pierres sur lesquelles elle pourrait poser ses pieds.

Puis s'appuyant contre un rocher elle ôta un de ses bas. A peine l'avait-elle ôté qu'un grand vent lui parut s'élever dans la vallée. Un immense murmure, un mystérieux tressaillement l'enveloppèrent. Elle resta immobile et regarda autour d'elle. Le plus grand calme régnait dans la nature.

. . . .

Bernadette revenait à peine de sa surprise lorsqu'une des grottes des roches Massabielle fut remplie soudain d'une lueur éclatante, et, tout à coup, dans un éblouissement merveilleux, une forme blanche apparut.

Bernadette saisie, le visage transfiguré, tomba involontairement à genoux, et prit aussitôt son chapelet. Mais elle ne put prononcer un mot de la prière et ses deux mains se rejoignirent en retombant sur ses genoux.

La forme blanche était devenue bien distincte et une Dame d'une beauté surhumaine souriait à l'enfant, qui la regardait. Elle était vêtue d'une longue robe blanche à plis; à l'extrémité de ses pieds nus qui reposaient sur un églantier sauvage, s'épanouissait une rose couleur de vermeil. De ses mains jointes à la hauteur de sa poitrine s'échappait un chapelet. De la tête retombait un voile blanc qui s'arrêtait derrière au bas de la robe. A la taille se nouait une ceinture bleue.

Bernadette était dans l'extase. Dans sa simplicité de paysanne, ne comprenant rien à ce qui se passait devant elle, son premier soin fut de faire le signe de la croix ; mais son bras ne put atteindre son front. Et la Dame souriant avec plus de tendresse commença à se signer. Bernadette un peu plus rassurée fit, elle aussi, le signe et récita : *Notre Père, Je vous salue* et *Je crois en Dieu*.

La bonne Dame écouta ravie cette prière et au dernier mot s'effaça puis disparut.

La lueur étrange emplit encore quelques instants la grotte et s'évanouit.

. . . .

Bernadette ne voyant plus rien regarda autour d'elle, se leva, traversa le canal, s'approcha de la grotte, examina attentivement le rocher, ouvrit plus larges ses grands yeux bleus ; mais de l'apparition il ne restait aucun vestige, rien que le roc et l'arbuste sauvage.

« N'avez-vous rien vu ? », dit-elle à ses compagnes.

« Non », répondirent celles-ci.

Et Bernadette n'ajouta rien. Cependant cette vision l'obsédait et elle finit par tout avouer à sa sœur et à sa mère. La famille Soubirous crut tout d'abord à une hallucination et défense fut faite à l'enfant de retourner aux roches Massabielle.

Deux jours se passèrent et l'enfant qui avait gagné à sa cause Marie et Jeanne obtint encore la permission désirée.

C'était le dimanche, le temps était splendide. A la veille du printemps, la nature renaissait frémissante sous l'azur du ciel ensoleillé.

Les trois enfants après une prière à l'église se rendirent à la grotte, mais dans la crainte du diable ou de quelque autre esprit mauvais elles emportèrent une bouteille d'eau bénite qui devait les protéger. Bernadette invita ses compagnes à réciter le rosaire, et les grains des chapelets glissèrent lentement entre les doigts des montagnardes. Tout à coup les traits de Bernadette se contractent, son corps semble se raidir, ses yeux se fixent sur la grotte; Marie et Jeanne devinent. C'est l'Inconnue qui revient.

. . . .

« Jette de l'eau bénite », lui disent-elles. Et Bernadette se lève, s'approche de la grotte et, jetant l'eau, dit à deux reprises : « Si vous venez au nom de Dieu, approchez. »

Puis elle ajouta : « Si vous venez au nom du diable, partez. »

La Dame avait souri et s'était approchée.

Bernadette tomba alors à genoux et acheva le rosaire. Au dernier *ave* la Dame disparut.

Dans la soirée il ne fut question, à Lourdes, que de cette vision. Ceux qui connaissaient Bernadette crurent à sa sincérité, les autres qualifièrent de mensonge le récit de la voyante.

Deux personnes cependant s'intéressèrent à ses apparitions et voulurent aller avec Bernadette.

Le jeudi suivant, 18 février, Bernadette, Madame Millet et Mademoiselle Peyret, après avoir entendu la messe, se rendirent à la grotte.

Bernadette arriva la première et s'agenouilla. Aussitôt le même phénomène se produisit, et les femmes comprirent que la vision apparaissait.

Elles dirent à l'enfant qu'elles allaient se retirer si leur présence contrariait l'Inconnue. Mais la Dame avait dit « non », et sur un signe de Bernadette toutes deux tombèrent à genoux et allumèrent un cierge.

« Demande-lui de t'écrire ce qu'elle veut », dirent-elles à Bernadette en lui mettant à la main ce qui était nécessaire pour cela.

La voyante s'approcha alors, mais l'Apparition s'enfonça dans la grotte; Bernadette la suivit et entra sous l'excavation où est aujourd'hui l'autel. Là par une ouverture donnant dans la grotte elle revit la Dame et lui proposa d'écrire.

La Dame sourit, puis entr'ouvrant ses lèvres elle laissa échapper de sa bouche ces paroles :

« *Ce que j'ai à vous dire, je n'ai pas besoin de l'écrire. Faites-*
« *moi seulement la grâce de venir ici pendant quinze jours.* »

Bernadette promit.

« *Et moi*, ajouta la Dame, *je vous promets de vous rendre*
« *heureuse non point en ce monde, mais dans l'autre.* »

Les deux femmes à qui l'enfant rapporta aussitôt ces paroles demandèrent si elles pouvaient l'accompagner les jours suivants. A la question de Bernadette la Dame répondit :

« *Elles peuvent venir avec vous, elles et d'autres encore; je*
« *désire y voir du monde.* »

Ce fut tout ; l'Inconnue disparut encore dans la lueur éblouissante qui emplissait toujours la grotte.

De retour à la ville, Bernadette et les deux femmes furent entourées et questionnées. Elles racontèrent ce qu'elles avaient vu.

A partir de ce jour un grand mouvement se produisit ; et dans tous les cercles on parla de l'Apparition.

L'autorité civile s'émut, et M. l'abbé Peyramale, curé de Lourdes, défendit par prudence au clergé de la ville de se rendre à la grotte. L'évêque de Tarbes fit la même défense aux prêtres du diocèse.

Et tout le monde interrogeait Bernadette. Les esprits forts de l'époque essayaient d'intimider l'enfant, tandis que les médecins et les journalistes parlaient de catalepsie.

Bernadette répondit simplement à toutes les questions, ne se contredisant jamais et, pendant les apparitions, les docteurs pouvaient constater que la jeune fille n'était pas affligée d'une maladie nerveuse ; et comme la voyante était simple et franche, personne n'osait plus dire qu'elle mentait.

Le vendredi et le samedi Bernadette revint à la grotte avec ses parents, et la dame lui apparut, aussi belle, aussi douce, aussi rayonnante, et chaque fois le visage de l'enfant se transfigurait. Aussi la famille Soubirous pleinement convaincue crut au récit de l'enfant.

Le dimanche 21 février, l'affluence des curieux était considérable devant la grotte. Dès l'aurore, hommes et enfants étaient descendus des montagnes, désireux de voir s'accomplir cette chose mystérieuse dont on parlait tant.

Bernadette vint à l'heure accoutumée, s'agenouilla et la Dame apparut encore, et parla pour la seconde fois.

— « Que faut-il que l'on fasse ? », demanda Bernadette.

— « *Priez pour les pécheurs* », dit l'Inconnue ; et son beau visage se voila de tristesse. Mais le sourire revint bientôt sur ses lèvres, et elle disparut dans un rayon lumineux.

Le 23 février la Dame apparut encore. Bernadette au milieu de la foule avait prié longtemps sans rien voir dans la grotte lorsque ces paroles retentirent à ses oreilles :

— « *Bernadette ! j'ai à vous dire pour vous seule et concernant « vous seule une chose secrète. Me promettez-vous de ne la « répéter à personne en ce monde ?* »

La Dame était là devant elle.

— « Je vous le promets », répondit l'enfant ; et le mystérieux secret lui fut confié.

— « *Et maintenant, ma fille*, ajouta l'Apparition, *allez, allez « dire aux prêtres que je veux que l'on m'élève ici une chapelle, « et qu'on fasse des processions à la grotte.* »

Ayant dit ces paroles, la Dame disparut.

Le 24 février, nouvelle apparition, la Dame parla encore. Elle prononça lentement ces trois mots : « *Pénitence, Pénitence, « Pénitence.* »

Le 25, Bernadette revint à la grotte. La foule augmentait chaque jour et, longtemps avant l'arrivée de l'enfant, se massait sur les bords du canal et dans l'île.

Le même phénomène se produisit. A un moment tout le monde comprit que Bernadette *voyait*. Le silence le plus profond se fit alors dans tous les rangs.

L'Apparition n'avait pas encore fait connaître son nom. Avant elle voulait révéler sa puissance. Ce jour-là, après avoir souri à l'enfant, elle lui dit :

— « *Ma fille, je veux vous confier, toujours pour vous seule*

« et concernant vous seule, un dernier secret, que pas plus que
« les deux autres, vous ne révélerez à personne au monde. »

Et la Dame parla. L'enfant écoutait dans le ravissement. Elle était visiblement sous le charme d'une parole caressante, et son visage exprimait un bonheur indicible. Ce secret confié, l'Apparition dit :

— « Et maintenant allez boire et vous laver à la fontaine et
« manger l'herbe qui pousse à côté. »

Bernadette se leva et descendit vers le Gave.

— « N'allez point là, dit l'Apparition, je n'ai point dit d'aller
« boire au Gave; allez à la fontaine, elle est ici. »

L'enfant suivit la direction que lui indiquait la main de l'Inconnue et ne voyant pas de source se mit à gratter le sable avec ses doigts. Aussitôt quelques gouttes d'eau montèrent. Bernadette en remplit le creux de sa main, mais ne put boire de cette eau boueuse. Cependant après quelques minutes d'hésitation elle avala plusieurs gorgées et mangea un peu d'herbe.

L'Inconnue alors disparut.

La foule avait suivi avec un sentiment de profond étonnement cette scène, ne sachant ce que faisait Bernadette ; aussi lorsque l'enfant se fut relevée les personnes présentes entrèrent dans l'excavation pour voir la source.

Le filet d'eau grossissait à vue d'œil ; le soir il allait se perdre dans le Gave.

Ce phénomène frappa tous les esprits d'admiration et les gens des montagnes ayant au fond de l'âme la foi naïve et forte des premiers chrétiens crurent, ce jour-là, que la Dame était bien la Vierge dont l'image leur souriait dans la vieille église de Lourdes.

A partir de ce moment c'est par milliers que l'on peut compter les curieux qui viennent avec Bernadette.

Les 27, 28 février, les 1er, 2, 3, 4 mars, la Dame apparut encore, mais sans parler. Enfin le grand jour arrive. Le 25 mars, fête de l'Annonciation, Bernadette se dirige vers la grotte avec le pressentiment que quelque chose d'extraordinaire va se passer. Dès qu'elle prend le chemin qui conduit au lieu de l'Apparition, tout Lourdes est dehors, et aux cris de « Voici la Sainte » (c'est le nom que l'on donnait à la voyante depuis plusieurs jours), les habitants vont aux roches Massabielle.

C'était par une superbe matinée de printemps, les prairies verdoyaient et sur les montagnes la neige éblouissante brillait sous les rayons du soleil. Le ciel était d'une pureté rare. C'était aussi ce jour-là la grande fête de la résurrection de la nature et sur les premiers zéphyrs printaniers, au milieu des parfums des violettes qui s'épanouissaient entre le lierre des rochers, la Dame apparut.

Bernadette qui désirait savoir son nom lui demanda à quatre reprises différentes :

« O ma Dame, veuillez avoir la bonté de me dire qui vous êtes et quel est votre nom. » La Dame souriait toujours et, rapporte l'enfant, à chaque fois que la question était posée une expression de joie indicible se peignait sur ses traits d'une pureté idéale. Il semblait que les vœux de l'Inconnue allaient enfin se réaliser.

A la quatrième fois l'Apparition ouvrit ses bras, laissa glisser sur le bras droit le chapelet qu'Elle avait entre les doigts, ses mains s'étendirent dans la direction de l'enfant, puis levant les yeux au ciel, et rejoignant ses mains à la hauteur de la poitrine, Elle dit :

« *Je suis l'Immaculée Conception.* »

La Dame, l'Inconnue, l'Apparition c'était la Vierge, la Mère du Christ, qui venait de se révéler à une pauvre paysanne et qui avait choisi un des coins les plus beaux de la terre de France pour affirmer à la face du monde sa beauté, sa puissance et sa pureté. Le grand miracle était accompli, les doutes ne pouvaient plus subsister. L'enfant répéta à la foule les mots dont elle ne comprenait pas le sens et bientôt les échos des Pyrénées redirent les paroles de la Vierge : « *Je suis l'Immaculée Conception.* »

Laissons Bernadette aller rapporter ces paroles à M. l'abbé Peyramale et, fidèle au plan que nous nous sommes tracé, continuons la série des apparitions. Le 5 avril, la Vierge apparut encore à Bernadette. Ce jour-là l'enfant avait à la main un cierge allumé. Tout entière à la vision, Bernadette oublia le cierge et inconsciemment posa ses doigts sur la flamme sans paraître ressentir aucune douleur. Pendant dix minutes environ, elle resta dans cette position et lorsque la Vierge disparut et qu'elle se releva, les mains ne portaient aucune trace de brûlure. Le phénomène s'était accompli en public.

Enfin la Vierge apparut pour la dernière fois à Bernadette, le 10 juillet, jour de la fête de Notre-Dame du Mont Carmel. Il était huit heures du soir, l'enfant comme attirée se rendit aux roches Massabielle, mais les barrières l'empêchèrent de s'approcher tout auprès. Elle resta donc de l'autre côté du Gave et là, tandis qu'elle égrenait son chapelet, la Vierge lui apparut sans parler. Elle inclina simplement sa tête vers la voyante. C'était l'adieu sur terre et le rendez-vous dans cet au-delà éblouissant où l'Apparition rentra pour jamais.

Tel est le récit que nous croyons devoir faire des apparitions.

Comme M. Henri Lasserre nous avons suivi ce que l'on peut appeler la tradition. Nous nous sommes d'ailleurs inspiré de son beau livre.

Mais le dernier mot est-il dit sur ces apparitions ? Certains affirment que non.

Il n'est pas à notre convenance d'entamer ici une polémique plus ou moins d'actualité. Demain, peut-être, une version nouvelle sera donnée des faits merveilleux de Lourdes, et dans le fond d'un monastère, pas bien loin, il est un manuscrit qui dort attendant que Dieu permette qu'il soit publié.

Cette heure viendra; et Lourdes n'apparaîtra que plus glorieux encore, et plus privilégié.

Ce livre, quel que soit son esprit, ne pourra être qu'un acte de foi, et c'est un rayon nouveau qui sera ajouté à l'auréole entourant la Grotte et la Basilique.

IV

L'AUTORITÉ CIVILE

L'autorité civile ne pouvait, à notre époque surtout, assister indifférente aux scènes que nous venons de relater et, dès les premiers jours, elle se déclara nettement hostile à ces manifestations pacifiques qui ne pouvaient en rien cependant compromettre la sûreté de l'État. On ne crut pas tout d'abord au récit de Bernadette, et l'on parut ne pas s'occuper de ce qui se passait à la grotte; mais le courant devenant irrésistible dans la foule, une campagne acharnée fut entreprise contre la pauvre petite montagnarde.

Ce fut le commissaire de police Jacomet qui se chargea d'instruire l'affaire.

Le 21 février, comme Bernadette sortait de l'église, un agent de police se présenta et lui intima l'ordre de le suivre au commissariat. L'enfant n'opposa aucune résistance, et tandis que la foule protestait en murmurant, la voyante entrait sans nulle crainte dans le bureau de M. Jacomet.

Nous ne ferons pas le portrait de M. Jacomet. Ambitieux, il comprit que les faits surnaturels de la grotte n'étaient pas approuvés par ses supérieurs, et il voulut mettre fin à ce qu'il appelait un scandale.

Il interrogea Bernadette. Celle-ci répondit simplement en racontant l'apparition. Elle parla de la belle Dame qui lui souriait, de sa robe blanche, de son visage radieux, de la lueur qui emplissait la grotte et dit au commissaire qu'elle retournerait aux roches Massabielle.

M. Jacomet après avoir écouté l'enfant avec bienveillance, essaya de l'intimider et lui parla rudement. Bernadette sans éprouver aucun trouble résista à l'orage et refit plusieurs fois et sans qu'on pût relever la moindre contradiction le récit de l'apparition.

L'autorité civile était vaincue. Elle pourra dans la suite opposer des barrières au flot des visiteurs ; les gardes champêtres et les agents pourront dresser des procès-verbaux contre les fidèles qui voudront s'approcher de la grotte ; la vérité est sortie de la bouche de Bernadette et rien n'arrêtera plus le courant qui va entraîner le monde entier vers ce petit coin des Pyrénées où la Vierge est apparue.

M. Jacomet rédigea, après une heure d'interrogatoire, son procès-verbal et en remettant Bernadette à son père il recommanda au vieux Soubirous d'interdire à sa fille de revenir aux roches Massabielle, sinon il la ferait mettre en prison. « Je me sens attirée par une force irrésistible, répondit l'enfant, et je reviendrai voir la Dame. »

Bernadette revint, en effet, aux roches Massabielle, et M. Jacomet, les menaces n'agissant pas sur la famille Soubirous, envoya le rapport à M. Dufour, procureur impérial.

L'on se demanda alors si le clergé n'inspirait pas Bernadette et si cette dernière n'essayait pas de retirer un profit quelconque du récit des apparitions. Mais M. l'abbé Peyramale refusa de croire aux paroles de l'enfant, et les Soubirous repoussèrent à plusieurs reprises l'argent que des étrangers leur offraient. Et cependant ils étaient bien pauvres !

L'autorité chercha autre chose.

Le 25 février, les magistrats interrogèrent Bernadette. Ils ne furent pas plus heureux que M. Jacomet. Bernadette ne se contredit pas.

Les sceptiques frappèrent alors à une autre porte et demandèrent à M. Lacadé, maire de Lourdes, d'interdire à la foule

l'accès sur le terrain communal où se trouvent les roches.
M. Lacadé refusa.

On s'adressa alors au préfet, M. le baron Massy. Ce fonctionnaire, catholique pratiquant, comprit tout ce qu'avait de ridicule le rôle que l'on voulait lui faire jouer. Il s'agissait en effet d'un fait religieux dont la Préfecture ne pouvait s'occuper.

Mais il ne résista pas aux influences locales, et comme une certaine incrédulité était alors de mode dans la haute société, M. le baron Massy voulut, lui aussi, n'ayant en vue que son avancement, jeter le cri d'alarme et il fit garder la route de la grotte par les soldats du fort de la ville; puis il adressa aussitôt un rapport à M. Rouland, ministre des cultes.

M. Rouland, au point de vue religieux, partageait les mêmes idées que M. le baron Massy. Lui, non plus, ne pouvait admettre qu'une apparition surnaturelle fût possible au XIXe SIÈCLE, et il entra en campagne contre l'humble fille qui disait avoir vu la belle Dame dans la grotte. Voici la réponse qu'il fit à l'un des rapports de son subordonné :

« Monsieur le Préfet.

« J'ai examiné les deux rapports que vous avez bien voulu
« m'adresser, les 12 et 20 mars, sur une prétendue apparition de la
« Vierge qui aurait eu lieu dans une grotte voisine de la ville de
« Lourdes.

« Il importe, à mon avis, de mettre un terme à ces actes qui fini-
« raient par compromettre les véritables intérêts du catholicisme
« et affaiblir le sentiment religieux dans les populations. En droit,
« nul ne peut constituer un oratoire ou lieu public de culte sans
« la double autorisation du pouvoir civil et du pouvoir ecclésias-
« tique. On serait donc fondé dans la rigueur des principes à
« fermer immédiatement la grotte qui a été transformée en une
« sorte de chapelle.

« Mais il y aurait vraisemblablement des inconvénients graves à
« vouloir user brusquement de ce droit : il convient de se borner
« à empêcher la jeune fille visionnaire de retourner à la grotte et

« à prendre les mesures qui pourraient insensiblement détourner
« l'attention du public en rendant, chaque jour, les visites moins
« fréquentes. Je ne pourrais d'ailleurs, Monsieur le Préfet, vous
« donner, en ce moment, d'instructions plus précises. C'est avant
« tout une question de tact, de prudence et de fermeté ; et à cet égard
« mes recommandations seraient inutiles. Il sera indispensable que
« vous vous concertiez avec le clergé, mais je ne saurais trop vous
« engager à traiter directement cette affaire délicate avec Monsei-
« gneur l'évêque de Tarbes, et je vous autorise à dire, en mon
« nom, au Prélat, que je suis d'avis de ne pas laisser un libre
« cours à un état de choses qui ne manquerait pas de servir de
« prétexte à de nouvelles attaques contre le clergé et la
« religion. »

Après ces déclarations, M. Rouland crut, sans nul doute, avoir bien mérité de la patrie et de la religion et il laissa agir son préfet.

A partir de ce jour, la lutte est engagée ; la franc-maçonnerie va agir avec vigueur, et toutes les forces de l'incrédulité et du scepticisme vont être dirigées contre la voyante, la petite Bernadette âgée de quatorze ans.

Le 5 avril qui était le lundi de Pâques, M. le baron Massy se rendit auprès de Mgr Laurence et fit part à Sa Grandeur de la lettre ministérielle. Le préfet insista vivement auprès de l'évêque pour l'amener à s'occuper lui aussi des affaires de Lourdes. Se faisant le défenseur de la foi, il parla au nom des intérêts de l'Église dont il se déclarait, en terminant, le fils le plus dévoué.

Mais Mgr Laurence écouta, sans rien dire, ce discours et refusa d'intervenir en déclarant que l'heure n'était pas encore venue pour l'autorité ecclésiastique de se prononcer sur les faits qui se passaient aux roches Massabielle.

M. le préfet sortit de l'évêché profondément humilié de l'échec qu'il venait de subir. Il n'avait pas osé, et ne pouvait pas d'ailleurs, donner des ordres au prélat, et il chercha le moyen de continuer la campagne qu'il avait entreprise. Dès le lendemain, M. Jacomet, l'ambitieux commissaire, et M. Dufour, le complaisant procureur impérial, interrogèrent Bernadette d'une façon plus pressante et plus habile, résolus à forcer la jeune fille à se contredire. Vains efforts. Bernadette dit, chaque fois, la vérité et ne tomba pas dans les pièges qui lui étaient tendus.

« Elle est folle », dit alors M. le baron Massy, et l'internement dans une maison de santé fut résolu par l'impatient fonctionnaire.

Comme il fallait un rapport rédigé par deux médecins, le préfet chargea deux hommes, partageant ses idées, d'examiner l'état mental de la fille Soubirous. Cette fois, M. le baron Massy crut avoir réussi. Les médecins choisis par lui et qui lui étaient dévoués avaient protesté, depuis le premier jour, contre la possibilité même des apparitions, et maintenant que l'occasion leur en était offerte ils allaient, sans nul doute, seconder le préfet et dire, eux aussi, que Bernadette était folle.

L'examen médical dura un mois.

Bernadette fut observée de la façon la plus minutieuse. Les moindre actes furent étudiés, analysés; nuit et jour, l'enfant fut surprise par les médecins qui ne trouvaient jamais le plus petit symptôme de folie.

A la fin il fallut déposer le rapport et contrairement aux vœux du préfet les deux médecins, qui étaient, au fond, de braves gens, et qui avaient souci de leur honneur, déclarèrent que la voyante n'était point folle. Mais l'incrédulité ne perdit pas ses droits et pour plaire à ceux qui niaient le surnaturel et ne voyaient dans les apparitions qu'une entreprise cléricale, les médecins affirmèrent que Bernadette était hallucinée.

M. le baron Massy triomphait. Pour lui l'hallucination était aussi dangereuse que la folie et il crut pouvoir faire conduire Bernadette à l'hôpital de Tarbes pour y être soignée.

Quelques jours après, M. le préfet était appelé à Lourdes pour y présider les opérations du conseil de revision. Il profita de cette circonstance pour donner ses ordres aux maires du canton. Il leur déclara, toujours dans l'intérêt de la religion, qu'il ferait interner dans les hôpitaux toutes les personnes qui diraient avoir eu des visions, et qu'il ferait traduire devant les tribunaux, sous l'inculpation de propagation de fausses nouvelles, tous ceux qui raconteraient les scènes des diverses apparitions.

Il donna donc l'ordre à M. Lacadé, maire de Lourdes, de faire conduire à l'hôpital Bernadette, et au commissaire de police d'enlever tout ce qui se trouvait dans la grotte.

Les libres-penseurs remportaient la victoire; c'en était fait d'après eux des prétendus miracles et le préfet fut hautement félicité.

Il fallait maintenant exécuter ces ordres.

M. Jacomet croyant ajouter encore à ses états de service qu'il s'efforçait de rendre aussi brillants que possible accepta avec empressement la tâche qui lui incombait : d'enlever tous les objets que les fidèles avaient apportés aux roches Massabielle.

L'aspect de ce lieu sauvage était des plus pittoresques. Les apparitions dataient de quelques jours à peine et déjà la foi était entrée ardente et forte dans l'âme des montagnards qui croyaient réellement que c'était bien la Vierge Marie qui s'était manifestée dans son éclatante beauté à Bernadette. Aussi chacun avait-il apporté son hommage à la Vierge : des chapelets, des croix, des bouquets, des couronnes. Tout ce que la piété la plus naïve et la plus vraie pouvait inventer était là amoncelé dans la première excavation et les cierges brûlaient maintenant comme dans la vieille église. Les roches Massabielle étaient enfin devenues comme un lieu sacré.

Le commissaire ne l'ignorait pas.

Afin de terroriser un peu ces braves gens qui étaient aussi respectueux de l'autorité civile que bons chrétiens, M. Jacomet prit son uniforme de gala et ceignit l'écharpe. Il se crut en sécurité et commença sa triste besogne. Ce ne fut pas chose facile. C'est à grand'peine qu'il put trouver dans le village une charrette qu'il paya fort cher, puis il se rendit avec les gardes aux roches Massabielle. La foule l'avait devancé. Hommes et enfants étaient groupés sur le terrain communal et lorsque le commissaire donna l'ordre d'enlever les objets et fit briser la barrière que les croyants avaient construite pour isoler un peu la grotte, un murmure s'éleva du sein de cette foule prosternée. Mais fidèle aux recommandations de M. l'abbé Peyramale elle respecta le commissaire qui venait exécuter les ordres du préfet. Seulement dans la soirée et les jours suivants l'affluence des pèlerins fut plus considérable encore.

La police ne pouvait rien contre cette protestation.

Il restait maintenant à M. le maire à s'assurer de Bernadette. M. Lacadé voulut d'abord avoir un entretien avec M. l'abbé Peyramale. Il lui fit part des ordres de M. le baron Massy et de la triste obligation qui lui était faite d'exécuter ces ordres.

M. le curé de Lourdes sortit alors de la réserve qu'il s'était imposée depuis le premier jour et, après avoir écouté en silence les explications embarrassées que lui fournit M. le maire, il fit entendre une protestation des plus indignées. Il rappela à M. le maire que les faits de la grotte étant d'ordre surnaturel ne relevaient que de l'autorité ecclésiastique et prit énergiquement la défense de Bernadette.

Le vénérable ecclésiastique déclara qu'il connaissait l'enfant, qu'il la croyait sincère et que par suite il s'opposerait à ce qu'elle fût conduite comme hallucinée ou folle à l'hôpital de Tarbes.

M. l'abbé Peyramale était un homme résolu, et M. le maire le savait homme d'action ; aussi avant de procéder à l'arrestation de Bernadette il fit part à M. le préfet de l'entretien qu'il avait eu avec M. le curé et annonça que la foule s'opposerait au départ de la voyante. Le tableau que fit de la situation M. Lacadé était des plus noirs et impressionna vivement M. le baron Massy.

Après mûre réflexion ce dernier donna l'ordre de surseoir à l'exécution de la mesure et Bernadette resta libre.

Il n'en pouvait être autrement.

Pendant ce temps les miracles s'accomplissaient et les guérisons les plus étonnantes étaient obtenues par ceux qui buvaient de l'eau de la nouvelle source et priaient avec foi.

M. le préfet eut alors une idée ingénieuse : il trouva, après avoir réfléchi longtemps, que les guérisons étaient produites par l'eau elle-même tout comme dans les autres stations des Pyrénées et il résolut de faire analyser cette eau par un de ses amis, chimiste distingué,

Ce qu'il appelait une superstition ridicule aurait alors vécu si l'on pouvait démontrer à la foule que l'eau de la grotte ne possédait que des vertus naturelles.

Voici le texte de l'analyse faite par M. Latour de Trie :

« L'eau de la grotte de Lourdes est très limpide : inodore et sans saveur tranchée ; sa pesanteur spécifique est très voisine de celle de l'eau distillée. Sa température à la source est de 15° centigrades.

« Elle contient :

« 1° Chlorures de soude, de chaux et de magnésie.

« 2° Carbonates de chaux et de magnésie.

« 3° Silicates de chaux et d'albumine.

« 4° Oxyde de fer.

« 5° Sulfate de soude et carbonate de soude.

« 6° Phosphate : des traces.

« 7° Matière organique : ulmine.

« Nous constatons dans la composition de cette eau une absence complète de sulfate de chaux ou sélénite.

« Cette particularité assez remarquable est tout à son avantage et doit nous la faire considérer comme étant très légère, facile à la digestion et imprimant à l'économie animale une disposition favorable à l'équilibre de l'action vitale.

« Nous ne croyons pas trop préjuger, en disant, vu l'ensemble et la qualité des substances qui la constituent, que la science médicale ne tardera peut-être pas à lui reconnaître des vertus curatives spéciales, qui pourraient la faire classer au nombre des eaux qui forment la richesse minérale de notre département.

« Signé : A. LATOUR DE TRIE. »

M. le préfet fit publier ce texte ; mais rien n'arrêta le courant qui portait la foule vers les roches Massabielle. D'ailleurs, des savants ayant contesté l'exactitude de l'analyse de M. Latour de Trie, M. Lacadé proposa au Conseil municipal de faire analyser l'eau par un professeur de la Faculté de Toulouse, M. Filhol.

En apprenant cette décision, M. le préfet entra dans une grande fureur et voulut tenter un dernier coup, car il pressentait que la nouvelle analyse allait détruire celle de M. Latour de Trie.

Il résolut tout simplement d'empêcher les fidèles de se rendre auprès de la grotte en interdisant l'accès du terrain communal où étaient les roches Massabielle.

Comprenant que M. le maire hésiterait à prendre une pareille mesure, M. Massy rédigea l'arrêté qu'il envoya à M. Lacadé avec ordre de le signer et de l'afficher.

M. Lacadé fut consterné à la réception de ce nouvel ordre. Le plus grand calme régnant dans la foule qui se rendait aux roches Massabielle, le maire ne croyait pas que l'autorité municipale dût intervenir. Aussi essaya-t-il de parlementer avec le préfet. Ce fut en vain et il fut dans l'obligation de faire publier l'arrêté, mais en le faisant précéder de cette phrase :

« Vu les instructions à lui adressées par l'autorité supérieure. »

Voici le texte de cet arrêté :

« Le Maire de la ville de Lourdes, vu, etc., etc.,

« Considérant qu'il importe dans l'intérêt de la religion de mettre un terme aux scènes regrettables qui se passent à la grotte de Massabielle, sise à Lourdes sur la rive gauche du Gave ;

« Considérant d'un autre côté que le devoir du maire est de veiller à la santé publique locale ;

« Considérant qu'un grand nombre de ses administrés et de personnes étrangères à la commune viennent puiser de l'eau à une source de ladite grotte ;

« Considérant qu'il y a de sérieuses raisons de penser que cette eau contient des principes minéraux et qu'il est prudent, avant d'en permettre l'usage, d'attendre qu'une analyse scientifique fasse connaître les applications qui en pourraient être faites par la médecine ; que d'ailleurs la loi soumet l'exploitation des sources minérales à l'autorisation préalable du gouvernement,

« Arrête :

« Article Premier. — Il est défendu de prendre de l'eau à la dite source.

« Art. 2. — Il est également interdit de passer sur le communal de la dite rive de Massabielle.

« Art. 3. — Il sera établi à l'entrée de la grotte une barrière pour en empêcher l'accès ; des poteaux seront également placés qui porteront ces mots : *Il est défendu d'entrer dans cette propriété.*

« Art. 4. — Toute contravention au présent arrêté sera poursuivie conformément à la loi.

« Art. 5. — M. le Commissaire de police, la Gendarmerie, les Gardes champêtres, les Autorités de la commune, demeurent chargés de l'exécution du présent arrêté.

« Fait à Lourdes, en l'hôtel de la Mairie, le 8 juin 1858.

« *Le Maire*, A. LACADÉ.

« Vu et approuvé :
  « *Le Préfet*, O. MASSY. »

Le jour même, la barrière était établie, les poteaux dressés, les gardes postés et la surveillance la plus étroite était exercée autour du lieu des apparitions.

A partir de ce moment le juge de paix, M. Duprat, eut ses audiences chargées, car les fidèles trompant la vigilance des gardiens, ou la bravant ouvertement, escaladaient la barrière et allaient encore s'agenouiller au pied de la grotte où la Vierge était apparue à Bernadette.

Rien n'arrêtait le mouvement populaire et les visiteurs venaient par milliers.

L'autorité civile, un moment, se crut vaincue, mais la libre-pensée n'avait pas encore dit son dernier mot et de nombreux efforts furent faits pour tout détruire. Les amendes se multiplièrent, les vexations de toute sorte furent prodiguées à ceux qui de près où de loin s'agenouillèrent en dehors des barrières ; un simple mot sur Lourdes suffisait pour faire traduire celui qui l'avait prononcé devant le juge de paix. C'était en un mot une petite terreur qui régnait dans ce coin perdu des Pyrénées où les gens cependant ne réclamaient au second Empire libéral que le droit de prier.

Enfin le ministre crut devoir changer d'attitude envers l'évêque de Tarbes qui se taisait toujours, mais qui observait tout depuis de longs jours.

Des petits gamins ayant déclaré avoir eux aussi, des visions surnaturelles, M. Rouland saisit cette occasion pour adresser à Mgr Laurence la lettre suivante :

« Monseigneur,

« Les nouveaux renseignements que je reçois sur l'affaire de
« Lourdes me paraissent de nature à attrister profondément tous
« les hommes sincèrement religieux. Ces bénédictions de chapelets
« par des enfants, ces manifestations dans lesquelles on remarque
« au premier rang des femmes aux mœurs équivoques, ces couronne-
« ments de visionnaires, ces cérémonies grotesques, véritable parodie
« des cérémonies religieuses, ne manqueraient pas de donner libre
« carrière aux attaques des journaux protestants et de quelques
« autres feuilles, si l'autorité centrale n'intervenait pour modérer
« l'ardeur de leur polémique. Ces scènes scandaleuses n'en déconsi-
« dèrent pas moins la religion aux yeux des populations, et je crois
« de mon devoir, Monseigneur, d'appeler de nouveau sur ces faits
« votre plus scrupuleuse attention.

« Ces manifestations regrettables me semblent aussi de nature
« à faire sortir le clergé de la réserve dans laquelle il s'est tenu
« jusqu'à présent. Je ne puis, du reste, sur ce point que faire un
« pressant appel à toute la prudence et à toute la fermeté de Votre
« Grandeur en lui demandant si elle ne jugera pas à propos de
« réprouver publiquement de semblables profanations.

« Agréez, etc.

« *Le Ministre des Cultes et de l'Instruction publique,*

« Signé : ROULAND. »

Dans le chapitre suivant nous verrons la réponse que fit à cette lettre Mgr Laurence.

Mais les événements marchaient, les miracles se multipliaient et M. Filhol rendit compte de l'examen chimique qu'il avait fait de l'eau de Massabielle au nom du Conseil municipal.

Voici le texte de ce rapport :

« Je soussigné, professeur de chimie à la Faculté des Sciences de Toulouse, professeur de pharmacie et de toxicologie à l'École de médecine de la même ville, chevalier de la Légion d'Honneur, certifie avoir analysé une eau provenant d'une source qui a jailli aux environs de Lourdes.

« Il résulte de cette analyse que l'eau de la grotte de Lourdes a une composition telle qu'on peut la considérer comme une eau potable, analogue à la plupart de celles que l'on rencontre sur les montagnes dont le sol est riche en calcaire.

« Les effets extraordinaires qu'on assure avoir obtenus à la suite de l'emploi de cette eau ne peuvent pas, au moins en l'état actuel de la science, être expliqués par la nature des sels dont l'analyse y décèle l'existence. Cette eau ne renferme aucune substance active capable de lui donner des propriétés thérapeutiques marquées. Elle peut être bue sans inconvénient.

« Cette eau tient en dissolution :

« 1° De l'oxygène.

« 2° De l'azote.

« 3° De l'acide carbonique.

« 4° Des carbonates de chaux, de magnésie, et une trace de carbonate de fer.

« 5° Un carbonate ou un silicate alcalin ; des chlorures de potassium et de sodium.

« 6° Des traces de sulfates de potasse et de soude.

« 7° Des traces d'ammoniaque.

« 8° Des traces d'iode, etc., etc.

« Toulouse, 7 août 1858. « Signé : Filhol. »

M. le baron Massy échouait encore misérablement, les complaisances du premier expert étaient révélées au grand jour et la Faculté venait de déclarer que l'eau de la grotte n'avait aucune vertu curative. On se trouvait donc en présence d'une vertu surnaturelle ; il ne restait plus que les miracles.

Qu'allait faire l'autorité civile ? Au lieu d'abandonner ses attaques et de renoncer à la lutte, elle voulut tenter un dernier effort et fit commencer par la presse parisienne une campagne acharnée où la mauvaise foi le disputait au ridicule, mais qui allait précipiter le dénoûment en portant à la connaissance de l'Empereur les faits de Lourdes.

Les beaux jours étaient revenus et les étrangers affluaient dans les Pyrénées. Tous se rendirent à Lourdes et protestèrent hautement contre les mesures prises par le préfet.

De son côté Napoléon III se rendait à Biarritz.

Celui qui rêva jusqu'à Sedan n'avait pas encore fait connaître son opinion sur l'affaire qui passionnait maintenant la France entière. Mais un jour, M⁹ʳ de Salinis, archevêque d'Auch, se présente à la villa, sollicite une audience et fait part à l'Empereur de la situation, le suppliant d'intervenir ne serait-ce qu'au nom de la liberté.

Napoléon III se laissa persuader, et ordonna par dépêche à M. le baron Massy de rapporter immédiatement les arrêtés pris par lui concernant les roches Massabielle. Puis le souverain reprit son rêve et de quelques jours ne s'occupa plus de Lourdes. Cette dépêche fut tenue d'abord secrète, M. le baron Massy et le ministre des cultes essayèrent de convaincre l'Empereur; mais Napoléon III comprenant tout ce qu'avait d'odieux la conduite de ses fonctionnaires maintint la décision première, et le 3 octobre était lu et affiché l'arrêté suivant :

« Le maire de la ville de Lourdes,
« Vu les instructions à lui adressées,

  « Arrête :

« L'arrêté pris par lui le 8 juin 1858 est rapporté.

« Fait à Lourdes, en l'hôtel de la Mairie, le 5 octobre 1858.

    « *Le Maire*,

     « H. LACADÉ. »

Bernadette, l'humble bergère, triomphait, et désormais les fidèles étaient libres d'aller s'agenouiller devant la grotte et de rendre un hommage public à la Vierge.

Ce jour-là, Lourdes fut en fête et la foule se porta en masse à la grotte pour voir le commissaire Jacomet enlever lui-même la barrière et les poteaux élevés quelques mois avant.

L'autorité civile était vaincue : M. le baron Massy fut déplacé et dans la suite aucune entrave ne fut apportée à la liberté que réclamaient les fidèles d'honorer le lieu où la Vierge était apparue.

V

L'AUTORITÉ ECCLÉSIASTIQUE

« Ah ! oui ! tu prétends avoir des visions, tu fais courir tout le pays avec tes histoires ! »

Telles furent, d'après l'historien de Lourdes M. Lasserre, les premières paroles que M. l'abbé Peyramale, curé de la paroisse, adressa à Bernadette lorsque celle-ci vint le prier, de la part de l'Apparition, de construire une chapelle sur les roches Massabielle.

Ces paroles indiquent la ligne de conduite que s'était tracée dès la première heure le clergé de la ville.

M. l'abbé Peyramale était alors dans toute la force de l'âge. Aimé de ses paroissiens, estimé de tous, fidèles ou libres-penseurs, c'est vers lui que tous les regards se tournèrent, comme pour chercher une orientation.

Mais fidèle aux traditions de l'Église, M. Peyramale se renferma dans la réserve la plus stricte et refusa de se prononcer sur les événements merveilleux qui allaient transformer la ville et affirmer une fois de plus la puissance et la bonté de la Mère du Christ.

C'était après l'apparition du 23 février.

Ce jour-là la Dame avait dit à Bernadette :

« *Et maintenant, ma fille, allez, allez dire aux prêtres que je*
« *veux que l'on m'élève ici une chapelle et qu'on fasse des proces-*
« *sions à la grotte.* »

Et l'enfant s'était levée et s'était rendue au presbytère accompagnée par la foule.

M. l'abbé Peyramale l'accueillit froidement.

Le vénérable ecclésiastique savait que toutes ses paroles seraient rapportées; et il ne voulait en rien, pour le moment du moins, livrer sa pensée.

Il demanda à Bernadette des détails précis; l'enfant lui raconta ce qu'elle avait vu, et exprima le désir qu'avait manifesté la Dame, d'avoir une chapelle. Tout cela surprit M. l'abbé Peyramale; et devant cette enfant de treize ans, sachant à peine lire, et arrivée d'hier des montagnes, il ne put se défendre d'une profonde émotion. Mais la question qui se posait était trop grave, et le prêtre dut avoir l'air de sourire au conte merveilleux que lui fit Bernadette.

Cependant ne voulant pas tout à fait décourager la voyante il lui conseilla de demander à la Dame de dire son nom. Il ajouta que si elle voulait qu'on lui construisît la chapelle elle devait faire fleurir l'églantier qui se trouve au seuil de la grotte où elle apparaissait.

Bernadette promit de faire ce que lui disait M. le curé et se retira.

Malgré cela, M. l'abbé Peyramale prenait une première mesure; il défendait au clergé de se rendre à la grotte. Cette mesure fut ratifiée par l'évêque de Tarbes, Mgr Laurence.

Inutile de dire que cet ordre fut respecté.

Les apparitions se multipliaient, la foule augmentait de jour en jour, il était parlé dans la ville de certaines guérisons obtenues par l'aide de la Vierge. Tout cela ne fit pas sortir le clergé de la sage réserve qu'il s'était imposée, et, une fois de plus, les ministres de la religion catholique donnèrent un grand exemple de prudence.

Au lendemain du 2 mars, lorsque la source eut jailli du roc aride, Bernadette revint rappeler encore la demande de la Dame et l'enfant pria M. le curé de vouloir bien faire construire la chapelle sur les roches Massabielle.

M. l'abbé Peyramale devant le miracle de la source s'inclina et crut à partir de ce moment que la Dame qui apparaissait ainsi à Bernadette était bien la Vierge.

Aussitôt il fit un rapport détaillé à Mgr l'évêque de Tarbes qui, confiant en la parole d'un de ses prêtres les plus scrupuleux et les plus distingués, s'occupa sérieusement des faits qui se déroulaient dans cette partie de son diocèse.

Sans vouloir cependant avoir l'air de s'intéresser directement à tout ce que l'on racontait, il se fit tenir au courant des moindres incidents, et se recueillit.

Le 5 avril il reçut la visite de M. le préfet qui lui fit part de la lettre de M. le ministre en lui demandant d'interdire à Bernadette de retourner à la grotte.

Mgr Laurence ne crut pas devoir accéder au désir du préfet, et se borna à faire conseiller par M. l'abbé Peyramale à l'enfant de ne plus aller ainsi aux roches Massabielle.

Au même instant le miracle du cierge s'accomplissait.

C'était la réponse de la Dame à la demande du fonctionnaire impérial.

Cependant les événements se succédaient. M. l'abbé Peyramale s'était énergiquement opposé à l'arrestation de Bernadette et voilà que l'ordre est donné d'enlever de la grotte tous les objets de piété que les fidèles y ont apportés, et la foule murmure, elle s'indigne, la révolte gronde et cette population inutilement blessée dans sa croyance va s'opposer à l'exécution de l'arrêté que M. le préfet avait fait prendre.

Mais le clergé a compris, et attendant tout de Dieu il impose silence à la multitude qui tombe alors à genoux et ne sait que prier, tandis que le commissaire Jacomet franchissant l'enceinte que le peuple regardait comme sacrée accomplit sa triste besogne.

Ce fut la première intervention officielle du clergé.

Les habitants de Lourdes trouvaient toutefois étrange l'attitude de leur curé et de l'évêque. En présence de miracles si nombreux ils ne comprenaient pas pourquoi le clergé se tenait éloigné du lieu des apparitions, et de tous les points du diocèse on suppliait, maintenant, l'évêque de Tarbes de se prononcer et de rassurer les consciences qui commençaient à se troubler.

A ce moment, un fait se passa qui devait précipiter le dénoûment et faire sortir le clergé de son silence.

Des petits garçons poussés, sans nul doute, par des gens intéressés, simulèrent des apparitions et essayèrent de raconter des choses merveilleuses. Ils allèrent jusqu'à bénir des chapelets.

En apprenant cela, M. l'abbé Peyramale chassa les enfants du catéchisme et protesta contre leur récit qu'il déclara mensonger.

Cependant il gardait Bernadette et la déclarait sincère !

Le peuple ne s'y trompa pas; M. l'abbé Peyramale s'était découvert, aussi l'élan devint irrésistible. Mgr Laurence crut alors le moment venu où il devait parler à son tour et le 28 juillet il rendit une ordonnance prescrivant une enquête sur les faits de Lourdes.

Cette ordonnance commençait ainsi :

« Des faits d'une haute gravité se rattachant à la religion, qui remuent le diocèse et retentissent au loin, se sont passés à Lourdes depuis le 11 février dernier.

« Bernadette Soubirous, jeune fille de Lourdes, âgée de quatorze ans, aurait eu des visions dans la grotte de Massabielle située à l'ouest de cette ville; la Vierge Immaculée lui aurait apparu, une fontaine y aurait surgi. L'eau de cette fontaine prise en boisson ou en lotions aurait opéré un grand nombre de guérisons; ces guérisons seraient réputées miraculeuses. Des gens en foule sont venus et viennent encore, soit de notre diocèse, soit des diocèses voisins, demander à cette eau la guérison de leurs maux divers en invoquant la Vierge Immaculée.

« L'autorité civile s'en est émue.

« De toutes parts et dès le mois de mars dernier on demande que l'autorité ecclésiastique s'explique sur ce pèlerinage improvisé.

« Nous avons d'abord cru que l'heure n'était pas venue de nous occuper utilement de cette affaire; que pour asseoir le jugement qu'on attend de nous, il fallait procéder avec une sage lenteur, se défier de l'entraînement des premiers jours, laisser calmer les esprits, donner le temps à la réflexion et demander des lumières à une observation attentive et éclairée. »

. . . .

Mgr Laurence indique ensuite quelles sont les personnes qui réclament l'intervention de l'autorité ecclésiastique et Sa Grandeur annonce qu'elle institue une Commission d'enquête.

« A ces causes,

« *Le Saint Nom de Dieu invoqué,*

« Nous avons ordonné et ordonnons ce qui suit :

« ARTICLE PREMIER. — Une Commission est instituée dans le diocèse de Tarbes à l'effet de rechercher :

« 1º Si des guérisons ont été opérées par l'usage de l'eau de la grotte de Lourdes, soit en boisson soit en lotions, et si ces guérisons peuvent s'expliquer naturellement ou si elles doivent être attribuées à une cause surnaturelle ;

« 2° Si les visions que prétend avoir eues, dans la grotte, l'enfant Bernadette Soubirous sont réelles, et, dans ce cas, si elles peuvent s'expliquer naturellement, ou si elles revêtent un caractère surnaturel et divin ;

« 3° Si l'objet apparu a fait des demandes, manifesté des intentions à cette enfant ; si celle-ci a été chargée de les communiquer, à qui, et quelles seraient les demandes des intentions manifestées ;

« 4° Si la fontaine qui coule aujourd'hui dans la grotte existait avant la vision que Bernadette Soubirous prétend avoir eue.

« Art. 2. — La Commission ne nous présentera que des faits établis sur des preuves solides ; elle nous adressera sur ces faits des rapports circonstanciés contenant son avis.

« Art. 3. — MM. les doyens du diocèse seront les principaux correspondants de la Commission ; ils sont priés de lui signaler :

« 1° Les faits qui se seront produits dans leurs doyennés respectifs ;

« 2° Les personnes qui pourraient rendre témoignage sur l'existence de ces faits ;

« 3° Celles qui, par leur science, pourraient éclairer la Commission.

« 4° Les médecins qui auraient soigné les malades avant leur guérison.

« Art. 4. — Après renseignements pris, la Commission pourra faire procéder à des enquêtes. Les témoignages seront reçus sous la foi du serment. Lorsque les enquêtes se feront sur les lieux, deux membres au moins de la Commission s'y transporteront.

« Art. 5. — Nous recommandons avec instance à la Commission d'appeler souvent dans son sein des hommes versés dans les sciences de la médecine et de la physique, de la chimie, de la géologie, etc., afin de les entendre discuter les difficultés qui pourraient être de leur ressort, à certains points de vue, et de connaître leurs avis ; la Commission ne doit rien négliger pour s'entourer de lumières et arriver à la vérité, quelle qu'elle soit.

« Art. 6. — La Commission se compose de neuf membres du Chapitre de notre cathédrale, des supérieurs de nos grand et petit Séminaires, du supérieur des Missionnaires du diocèse, du Curé de Lourdes; et des professeurs de dogme, de morale, de physique de notre Séminaire. Le professeur de chimie de notre Petit Séminaire sera souvent entendu.

« Art. 7. — M. Nogaro, chanoine archiprêtre, MM. les chanoines Tabarier et Saule sont nommés vice-présidents. La Commission nommera un secrétaire et deux vice-secrétaires pris dans son sein.

« Art. 8. — La Commission commencera ses travaux immédiatement et se réunira aussi souvent qu'elle le jugera nécessaire.

« Donné à Tarbes, dans notre Palais épiscopal, sous notre seing, notre sceau, et le contre-seing de notre secrétaire, le 28 juillet 1858.

« Bertrand, évêque de Tarbes.

« Par mandement :

« Fourcade, chanoine secrétaire. »

A ce moment, Mgr Laurence reçut de M. le ministre la lettre que nous publions au chapitre précédent.

Le prélat répondit aussitôt.

Voici quelques extraits de cette lettre :

« Je serais bien aise, Monsieur le Ministre, que vous preniez des renseignements sur ce qui se passe à Lourdes, auprès des personnes honorables qui se sont arrêtées dans cette ville, pour voir les lieux par elles-mêmes, entendre les habitants, et l'enfant qui aurait eu la vision, telles que NN. SS. les évêques de Montpellier, de Soissons; Mgr l'archevêque d'Auch; M. Vene, inspecteur des eaux thermales; Mme l'amirale Amiot, M. Louis Veuillot, etc., etc.

« Le clergé, Monsieur le Ministre, ne s'est pas maintenu jusqu'à présent dans une réserve complète à l'occasion des faits de la grotte. Le clergé de la ville a été admirable de prudence, n'allant jamais à la grotte, pour ne pas accréditer le pèlerinage, favorisant au contraire les mesures prises par l'autorité. Toutefois il nous a été signalé comme favorisant la superstition. Je n'accuse point le premier magistrat du département dont les intentions ont toujours été droites, mais il a eu dans cette affaire une confiance exclusive en ses subordonnés.

. . . .

« Les objets religieux enlevés de la grotte, nous pouvions espérer que les visites diminueraient peu à peu, et que ce pèlerinage si inopinément improvisé prendrait fin. Il n'en a pas été ainsi. Le public prétendit, à tort ou à raison, que l'eau qui coule dans la grotte opérait des cures merveilleuses; le concours devint plus nombreux; on s'y rendait en foule des départements voisins.

« Le 8 juin, M. le maire de Lourdes prit un arrêté pour défendre l'accès de la grotte. Les considérants sont pris dans l'intérêt de la religion et de la santé publique. Bien que la religion eût été mise en avant et que l'évêque n'ait pas été consulté, ce dernier n'a formulé aucune réclamation; il a gardé le silence. »

Mgr Laurence termine en faisant part à M. le ministre de l'ordonnance qu'il vient de prendre.

Par cette attitude digne, Mgr l'évêque de Tarbes força les ennemis de la religion à rentrer, un instant, dans le silence.

Il était impossible, en effet, de répondre aux déclarations du prélat qui se conduisait, d'après les traditions constantes de l'Église, avec la plus extrême prudence, et ne voulait rien admettre des événements miraculeux des roches Massabielle sans que les preuves lui fussent fournies par des personnes dignes de foi.

Cependant une campagne des plus acharnées fut alors menée par les journaux de la capitale. L'ordonnance, disaient les organes de la libre-pensée, est inutile et l'on n'arrivera jamais à prouver l'authenticité des miracles.

Mais le silence va se faire bientôt.

Ainsi que nous l'avons dit, Mgr de Salinis, archevêque d'Auch, qui était allé plusieurs fois à Lourdes et avait interrogé Bernadette, fit une demande d'audience, à Biarritz, auprès de S. M. Napoléon III.

De ce jour la grotte fut libre; et c'est le moment que choisit Mgr l'évêque de Tarbes pour faire fonctionner la Commission d'enquête.

Le 17 novembre les commissaires enquêteurs se mirent à l'œuvre. Pendant de longs mois, ils parcoururent la région, recueillant les témoignages des miraculés et de ceux qui avaient été les témoins du prodige. Avec un soin scrupuleux toutes les dépositions étaient examinées et, à la fin, une trentaine de miracles seulement furent consignés dans le rapport qui fut soumis à Sa Grandeur.

Il ne pouvait plus y avoir de doute pour le prélat. Les sommités de la science médicale, les chimistes les plus distingués avaient apposés leur signature au bas des certificats de guérison.

Il était de toute évidence que l'eau de la grotte ne possédait par elle-même aucune vertu curative, et que c'était bien des miracles authentiques que la Vierge avait opérés depuis ses apparitions.

Après trois mois de travaux et d'investigations de toutes sortes la Commission remit son rapport à Mgr l'évêque de Tarbes.

La France anxieuse attendait la publication de ce document qui devait rassurer les consciences, et ouvrir larges les chemins qui conduisent à la grotte, ou bien qui devait déclarer devant Dieu que Bernadette était une visionnaire, une hallucinée, et que la Vierge n'était pas réellement apparue aux roches Massabielle.

Mais Mgr Laurence, en possession de ce rapport rédigé par des hommes dont la loyauté ne pouvait être suspectée, et qui avaient fait serment de ne consigner que les faits reconnus vrais, ne crut pas encore avoir pris toutes les mesures de prudence et ne publia pas le rapport. Sa Grandeur voulait comme une contre-épreuve, et pendant trois ans Elle attendit pour voir si des rétractations ne se produiraient pas, et si rien ne viendrait ternir l'éclat de la vérité qui devait briller sur le monde catholique.

Rien de ce genre ne se produisit et Mgr Laurence crut devoir alors rendre publiques les conclusions de la Commission d'enquête, et se prononcer solennellement sur les faits de la grotte.

A la date du 18 janvier 1862, Mgr Laurence publia un mandement dont nous donnons les extraits principaux.

. . . .

« Grâces soient rendues au Tout-Puissant. Dans les trésors infinis de ses bontés il nous réserve une faveur nouvelle. Il veut que dans le diocèse de Tarbes, un nouveau sanctuaire soit élevé à la gloire de Marie : Et quel est l'instrument dont il va se servir pour nous communiquer ses desseins de miséricorde ? C'est encore ce qu'il y a de plus faible dans le monde : une enfant de quatorze ans, Bernadette Soubirous, née à Lourdes, d'une famille pauvre.

. . . .

« Le témoignage de la jeune fille présente toutes les garanties que nous pouvons désirer. Et d'abord sa sincérité ne saurait être mise en doute. Toujours d'accord avec elle-même elle a dans les différents interrogatoires qu'on lui a fait subir, constamment maintenu ce qu'elle avait déjà dit, sans y rien ajouter, sans en rien retrancher. La sincérité de Bernadette est incontestable. Ajoutons qu'elle est incontestée, les contradicteurs, quand elle en a eu, lui ont eux-mêmes rendu cet hommage.

« Mais si Bernadette n'a pas voulu tromper, ne s'est-elle pas trompée elle-même ? N'a-t-elle pas cru voir et entendre ce qu'elle n'a point vu ni entendu ? N'a-t-elle pas été victime d'une hallucination ? Comment pourrions-nous le croire ? La sagesse de ses réponses révèle dans cet enfant un esprit droit, une imagination calme, un bon sens au-dessus de son âge. Le sentiment religieux n'a jamais présenté en elle un caractère d'exaltation, on n'a constaté dans la jeune fille ni désordre intellectuel, ni altération de sens, ni bizarrerie de caractère, ni affection morbide, qui ait pu la disposer à ces créations imaginaires. Elle a vu non pas seulement une fois, mais dix-huit fois ; elle a vu d'abord subitement, alors que rien ne pouvait la préparer à l'événement qui s'est accompli ; et durant la quinzaine, lorsqu'elle s'attendait à voir tous les jours, elle n'a rien vu pendant deux jours, quoiqu'elle se trouvât dans le même milieu et dans des circonstances identiques. Et puis que se passait-il pendant les apparitions ? Il s'opérait une transformation dans Bernadette : sa physionomie prenait une expression nouvelle, son regard s'enflammait, elle voyait des choses qu'elle n'avait plus vues, elle entendait un langage qu'elle n'avait point entendu ; dont elle ne comprenait pas toujours le sens et dont cependant elle conservait le souvenir.

« Ces circonstances réunies ne permettent pas de croire à une hallucination ; la jeune fille a donc réellement vu et entendu un être se disant l'Immaculée Conception ; et ce phénomène ne pouvant s'expliquer naturellement nous sommes forcés à croire que l'apparition est surnaturelle.

. . . .

« Les malades essayèrent de l'eau de la grotte, et ce ne fut pas sans succès ; plusieurs, dont les infirmités avaient résisté aux traitements les plus énergiques, recouvrèrent subitement la santé. Ces guérisons extraordinaires eurent un immense retentissement ; le bruit s'en répandit bientôt au loin. Des malades de tous les pays demandaient de l'eau de Massabielle, quand ils ne pouvaient se transporter eux-mêmes à la grotte. Que d'infirmes guéris ! Que de familles consolées !...

. . . .

« Ces guérisons ont été opérées par l'emploi d'une eau privée de toute qualité naturelle curative, au rapport d'habiles chimistes qui en ont fait une rigoureuse analyse. Elles ont été opérées, les unes instantanément, les autres après l'usage de cette eau, deux ou trois fois répété, soit en boisson, soit en lotion.

« En outre ces guérisons sont permanentes. Quelle est la puissance qui les a produites ?

« Est-ce la puissance de l'organisme ? La science, consultée à ce sujet, a répondu négativement. Ces guérisons sont donc l'œuvre de Dieu. Or elles se rapportent à l'apparition, c'est elle qui en est le point de départ, c'est elle qui a inspiré la confiance des malades, il y a donc une liaison étroite entre les guérisons et l'apparition ; l'apparition est divine puisque les guérisons portent un cachet divin. Mais ce qui vient de Dieu est vérité ! Par conséquent l'apparition se disant l'Immaculée Conception, ce que Bernadette a vu et entendu, c'est la Très Sainte Vierge ! Écrions-nous donc : Le doigt de Dieu est ici ! *Digitus Dei est hic.*

. . . .

« A ces causes,

« Après avoir conféré avec Nos Vénérables Frères les Dignitaires, Chanoines et Chapitre de notre église cathédrale,

« *Le Saint Nom de Dieu invoqué,*

« Nous fondant sur les règles sagement tracées par Benoît XIV, dans son ouvrage de la Béatification et de la Canonisation des saints, pour le discernement des apparitions vraies ou fausses ;

« Vu le rapport favorable qui nous a été présenté par la commission chargée d'informer sur l'apparition à la grotte de Lourdes et sur les faits qui s'y rattachent;

« Vu le témoignage écrit des docteurs médecins que nous avons consultés au sujet de nombreuses guérisons obtenues à la suite de l'emploi de l'eau de la grotte;

« Considérant d'abord que le fait de l'apparition envisagé, soit dans la jeune fille qui l'a rapporté, soit surtout dans les effets extraordinaires qu'il a produits, ne saurait être expliqué que par l'intermédiaire d'une cause surnaturelle;

« Considérant en second lieu que cette cause ne saurait être que divine, puisque les effets produits étant, les uns des signes sensibles de la grâce, comme les conversions des pécheurs; les autres des dérogations aux lois de la nature, comme les guérisons miraculeuses, ne peuvent être rapportés qu'à l'Auteur de la grâce et au Maître de la nature;

« Considérant enfin que notre conviction est fortifiée par le concours immense et spontané des fidèles à la grotte, concours qui n'a point cessé depuis les premières apparitions et dont le but est de demander des faveurs, ou de rendre grâces pour celles déjà obtenues ;

« Pour répondre à la légitime impatience de notre vénérable Chapitre, du clergé, des laïques de notre diocèse, de tant d'âmes pieuses qui réclament depuis longtemps de l'autorité ecclésiastique une décision que des motifs de prudence nous ont fait retarder;

« Voulant ainsi satisfaire aux vœux de plusieurs de nos collègues dans l'Épiscopat et d'un grand nombre de personnages distingués étrangers au diocèse;

« Après avoir invoqué les lumières de l'Esprit Saint et l'assistance de la Très Sainte Vierge;

« Avons déclaré et déclarons ce qui suit :

« ARTICLE PREMIER. — Nous jugeons que l'Immaculée Marie Mère de Dieu a réellement apparu à Bernadette Soubirous, le 11 février 1858 et jours suivants au nombre de dix-huit fois, dans la grotte de Massabielle près de la ville de Lourdes; que cette apparition revêt tous les caractères de la vérité, et que les fidèles sont fondés à la croire certaine.

« Nous soumettons humblement notre jugement au jugement

du Souverain Pontife qui est chargé de gouverner l'Église universelle.

« Art. 2. — Nous autorisons dans notre diocèse le culte de Notre-Dame de Lourdes ; mais nous défendons de publier aucune formule particulière de prières, aucun cantique, aucun livre de dévotion, relatifs à cet événement, sans notre approbation donnée par écrit.

« Art. 3. — Pour nous conformer à la volonté de la Sainte Vierge, plusieurs fois exprimée lors de l'apparition, nous nous proposons de bâtir un sanctuaire sur le terrain de la grotte qui est devenu la propriété des évêques de Tarbes.

« Cette construction, vu la position abrupte et difficile des lieux, demandera de longs travaux et des fonds relativement considérables ; aussi avons-nous besoin, pour réaliser notre pieux projet, du concours des prêtres et des fidèles de notre diocèse, des prêtres et des fidèles de la France et de l'étranger.

« Nous faisons appel à leur cœur généreux et particulièrement à toutes les personnes pieuses de tous les pays qui sont dévouées au culte de l'Immaculée Conception de la Vierge Marie.

« Art. 4. — Nous nous adressons avec confiance aux établissements des deux sexes, consacrés à l'enseignement de la jeunesse, aux congrégations des Enfants de Marie, aux confréries de la Sainte Vierge et aux diverses associations pieuses soit de notre diocèse, soit de la France entière.

« Sera notre présent mandement lu et publié dans toutes les églises, chapelles ou oratoires des séminaires, collèges et hospices de notre diocèse le dimanche qui suivra sa réception.

« Donné à Tarbes dans notre palais épiscopal, sous notre seing, notre sceau, le contre seing de notre secrétaire, le 18 janvier 1862, fête de la Chaire de Saint Pierre à Rome.

« Bertrand, évêque de Tarbes. »

L'Évêque avait parlé ; l'orientation était désormais donnée aux catholiques qui pouvaient maintenant venir s'agenouiller devant la grotte et prier la Vierge qui était réellement apparue.

Dans toute la France la presse commenta différemment cette ordonnance de Mgr Laurence.

Les sceptiques gratifièrent le prélat de toutes les railleries à la mode, et les croyants entonnèrent un joyeux *Te Deum* et accueillirent les paroles de l'évêque avec enthousiasme.

Le monde officiel cessa sa campagne ridicule contre Bernadette et les miracles. L'Empereur lui aussi avait parlé et ceux qui avaient cru être agréables au souverain en s'efforçant d'empêcher les grandes manifestations religieuses de la grotte, se turent, à leur tour, et favorisèrent même les efforts des catholiques.

Le premier soin de Mgr Laurence fut d'acheter les roches Massabielle et d'en faire une propriété de l'Évêché, afin que nul pouvoir civil ne pût, dans la suite, élever aucune prétention.

L'autorisation de vente fut donnée avec empressement par M. Rouland, ce même ministre qui avait essayé de forcer Monseigneur Laurence à interdire les pèlerinages.

D'autre part les bonnes volontés se révélèrent et la grande œuvre commença. Il s'agissait en effet maintenant d'ériger cette chapelle que la Vierge avait commandée elle-même.

M. l'abbé Peyramale, le vénérable curé de Lourdes, qui le premier avait cru à la sincérité de Bernadette, seconda de toutes ses forces l'évêque de Tarbes, et tous deux firent appel à la France entière et au monde catholique. Il demandèrent l'aumône au nom de l'Immaculée Conception. L'argent arriva avec abondance et, un jour, des ouvriers prirent possession des roches et commencèrent ce travail merveilleux dont nous avons parlé dans notre premier chapitre.

La Basilique sortait des flancs des rochers.

Bernadette triomphait dans son humilité.

C'est le 4 avril 1864 que Mgr Laurence prit officiellement possession du terrain et bénit la statue qui devait être placée à l'endroit même des apparitions. La fête fut splendide, mais deux personnes manquaient dans le cortège : M. l'abbé Peyramale et Bernadette. Tous deux retenus par la maladie n'avaient pu se mêler à la procession ; leur œuvre d'ailleurs était terminée.

Le prêtre et l'enfant n'avaient plus rien à désirer maintenant. Les vœux de la Vierge se réalisaient ; une chapelle était érigée, et la foule allait à la grotte.

Le 21 mai 1866 la crypte était terminée. Mgr Laurence la consacra ce jour-là qui était le lundi de la Pentecôte, en grande pompe.

De tous les coins de la France on accourut et l'affluence fut considérable. Un autel avait été dressé sur le rocher, en plein air, et l'évêque de Tarbes, entouré d'une légion de prêtres, officia solennellement.

A partir de ce jour les pèlerinages s'organisent et c'est par milliers que les trains apportent les fidèles.

La Basilique se termine, elle aussi ; Lourdes se transforme, une ville nouvelle naît à côté de l'ancienne.

En 1872 est organisé le premier pèlerinage, dit national, que nous appellerons le pèlerinage de l'Expiation.

Au lendemain de ses défaites, au lendemain du massacre des otages et de la captivité de Pie IX, la France comprit qu'il fallait faire amende honorable et choisit le sanctuaire de Lourdes pour venir s'agenouiller et obtenir de Dieu le pardon par l'intercession de Celle qui fut la Mère du Christ.

Tous les départements étaient représentés. A la tête des pèlerins on remarqua alors des sénateurs, des fonctionnaires, et la manifestation fut merveilleuse.

Voici le texte de la prière qui fut alors récitée au pied de la grotte :

« O Marie, Vierge immaculée, Notre-Dame de Lourdes, vous voyez à vos pieds tous vos enfants.

« Nous sommes venus, envoyés de tous les départements de notre France, vous rappeler que notre peuple est votre peuple, et qu'obéissant à votre voix, il veut de nouveau vous dire qu'en vous sont sa foi et son espérance.

« Nous venons vous remercier de vos apparitions miraculeuses, nous venons vous demander de nous ramener à votre cher Fils Notre-Seigneur, nous venons pour que vous obteniez pour la France pardon et miséricorde.

« Nous promettons de redevenir chrétiens, nous voulons faire réparation publique, solennelle, des outrages qui sont faits à la divinité de notre bien-aimé Sauveur Jésus-Christ ; nous attestons la foi de notre France, nous avons confiance ! Donnez-nous la charité, et nous vivrons; effacez les douleurs de notre patrie, refaites la France, en nous rendant nos malheureux frères. Elle est toujours la fille aînée de l'Église. Elle croit, elle prie, et vous êtes sa Reine ! elle est sûre de son salut, et de redevenir par vous la vieille et puissante nation catholique.

« Amen. Amen. »

Enfin la reconnaissance officielle de l'Église fut accordée au nouveau sanctuaire les 2 et 3 juillet 1876.

Ces jours-là, eurent lieu le couronnement de la statue de Notre-Dame de Lourdes, celle que l'on voit au-dessus de l'autel majeur de la basilique, et la consécration de la basilique.

Le nonce apostolique de France Mgr Meglia, et le cardinal Guibert, archevêque de Paris, étaient présents, entourés de trente-cinq évêques.

Nous empruntons à l'excellent ouvrage du R. P. Marcel Bouix de la Compagnie de Jésus le récit des grandes fêtes qui furent données à cette occasion.

Sous un soleil splendide, à sept heures du matin, la grande procession se met en marche vers la basilique, dans l'ordre suivant :

La croix précédant les longues lignes de prêtres vêtus de surplis;

Les chanoines étrangers en habit de chœur ;

Quatre prêtres en chasuble rouge, portant le brancard des reliques ;

Les chanoines de Tarbes, en ornements sacrés ;

Les dignitaires, en chape ;

Les archevêques et les évêques consécrateurs des autels, avec crosse et mitre, ayant chacun deux assistants en habit de chœur et leurs clercs porte-insignes ;

Deux massiers pontificaux ;

Les archevêques consécrateurs de l'église, avec leurs deux assistants et leurs clercs porte-insignes ;

Deux massiers pontificaux ;

Son Éminence le cardinal, avec ses ministres en dalmatique blanche, suivi du caudataire en surplis et de trois chapelains en habit noir et manteau ;

Quatre chapiers porte-insignes ;

Les autres archevêques et évêques, avec chape, crosse et mitre, et leurs assistants ;

Les prélats protonotaires apostoliques, camériers secrets et camériers d'honneur ;

Les camériers de cape et d'épée et les dignitaires des ordres pontificaux.

C'est la cour du Pape dans sa religieuse magnificence ; les foules, saisies par la grandeur de ce spectacle inaccoutumé, s'inclinent et s'agenouillent.

Les cérémonies de la consécration s'accomplirent avec un éclat inouï. Il y eut des moments d'indicible grandeur, lorsque, par exemple, les cinq pontifes consécrateurs de l'église firent, soit au dehors, soit à l'intérieur, les aspersions lustrales, et lorsque, élevés sur les grandes estrades, on les vit marquer de l'onction sainte les murs de la basilique. L'émotion s'empara de toutes les âmes au moment où les seize évêques consécrateurs des autels, formant dans le chœur un cercle majestueux, présentèrent à la vénération de l'assistance les reliques des saints qu'ils allaient déposer dans les tombeaux des autels. Jamais, jusqu'à ce jour, seize évêques à la fois n'avaient consacré les autels d'une église. Cette gloire unique était réservée à la chapelle demandée par la Vierge immaculée.

La messe pontificale fut célébrée par l'archevêque métropolitain, au milieu de chants et d'harmonies d'une grande et simple majesté.

Après l'Evangile, Mgr Mermillod paraît dans la chaire ; tous les cœurs l'accueillent avec amour. C'est à l'évêque exilé et proscrit, à l'apôtre infatigable qui personifie si bien, en notre temps, les épreuves de l'Église militante, c'est à lui qu'il appartient de faire entendre sa voix en ce jour de triomphe :

« En ce jour-là, un cantique sera chanté sur la terre de Juda... Le Sauveur de Sion sera notre inexpugnable rempart... Ouvrez les portes ; laissez entrer la nation juste qui garde la vérité. La vieille erreur a disparu. Vous nous garderez la paix, parce que nous avons espéré en vous. (Isaïe.) » Ce fut le texte de son discours.

« Quels magnifiques contrastes charment ici notre œil ravi !

« Au pied de ces Pyrénées, il y a peu d'années, dans une solitude, une pauvre bergère agenouillée entre le rocher et le torrent...

Aujourd'hui, dans ce même lieu, se rencontre et se pressent des foules de toutes les nations, et les princes de l'Église, et les délégués du Vicaire de Jésus-Christ. Une basilique, merveille de l'art chrétien, est sortie de terre et sert de couronnement à la Grotte miraculeuse; et le Vicaire de Jésus-Christ la glorifie par la consécration.

« En vain l'incrédulité et l'hérésie cherchent à profaner les apparitions de la Grotte; en vain elles accusent l'Église d'abandonner la grande doctrine pour les dévotions puériles. Non, l'Église n'abandonne rien; et rien ici n'est puéril. Le fait de Lourdes est l'affirmation : 1º du Christianisme intégral dans sa doctrine; 2º du Christianisme social dans son influence. Notre-Dame de Lourdes met le pied sur la double erreur contemporaine qui veut amoindrir le Christianisme en le dépouillant de tout surnaturel, ou qui veut le reléguer dans le sanctuaire de la conscience et l'empêcher d'avoir son action dans l'ordre social. Le fait de Lourdes, dont les prodiges et les pèlerinages attestent avec tant d'éclat la réalité, est tout à la fois la démonstration du surnaturel vivant dans l'Église, et le témoignage rendu à Jésus-Christ dans sa réalité historique, son humanité et sa divinité. « Je suis mère, dit la Vierge, donc j'ai un fils qui est homme; je suis l'Immaculée, donc mon fils est Dieu. »

« Cette basilique est la cité dont les portes s'ouvrent à la nation juste qui garde la vérité. Cette basilique affirme la Vierge immaculée; et la Vierge immaculée est la mère, la gardienne et l'apôtre du Verbe fait chair, lumière des âmes et des nations.

« L'incrédulité a voulu chasser Dieu de l'ordre social, surtout en France. Dès ce moment, la France du Christ semble avoir son âme, sa vie. Le berceau de la France est dans le surnaturel ; c'est une apparition sur un champ de bataille; et une bergère était là proclamant que le Christ et sa mère se choisissaient un peuple prédestiné à de grandes choses.

« La France ne se conserve que par le surnaturel : témoin Jeanne d'Arc. Le surnaturel apparaît encore, en nos jours, dans la résurrection de la France. Au moment où les contrées du Nord s'inclinent devant le pauvre pèlerin Labre et la modeste bergère de Nanterre, où les contrées du Midi saluent la bergère de Pibrac, les foules accourues de toutes les contrées de la France, conduites par une bergère au pied des Pyrénées, affirment une fois de plus que le surnaturel, que le Christ, dans sa notion intégrale, est l'âme de la France. Dieu ne semble-t-il pas démontrer ainsi que, vers ce peuple élu, il s'incline par ses pauvres, pour baptiser les démocraties dans les saintes noblesses du christianisme ?

« La chrétienté est blessée comme la France. Mais elle se reforme sous les inspirations de Pie IX et sous l'influence de ces pèlerinages, où toute tribu de toute langue se rencontrent dans la communauté de la prière et de l'espérance.

« La basilique de Lourdes est un monument dressé pour faire le preuve que le monde sera sauvé par le surnaturel de l'Évangile, pénétrant de ses doctrines les intelligences, et de son action toutes les forces vives de nos sociétés modernes.

« Plus que jamais, malgré les souffrances et les ombres, nous marchons vers la réalisation du vœu de Notre-Seigneur : que les âmes soient dans l'unité de la vérité et de la charité ; que les peuples ne fassent qu'un bercail sous un seul pasteur ; et que la basilique de la civilisation chrétienne se relève pour la gloire de Dieu et la paix du monde.

« Telles sont les espérances de cette fête incomparable. Tel est le cri de foi et d'amour qui s'élève du cœur de Pie IX et du cœur des peuples, à l'heure où l'Europe émiettée regarde avec angoisse les luttes de l'Orient. Notre-Dame de Lourdes est donc notre arc-en-ciel ; c'est l'aurore annonçant le soleil de justice, qui va se lever à la fin de ce siècle. »

Cette froide et incomplète analyse ne donne qu'une faible idée de ce magnifique discours, plein de lumière et d'ardeur, qui fit, sur cet auditoire d'élite, l'impression la plus profonde.

Pendant que ces grandes choses s'accomplissaient et se disaient dans l'intérieur de la basilique, les foules réunies autour de la grande estrade écoutaient le R. P. Candeloup, qui leur racontait, dans l'histoire d'Esther, les grandeurs de Notre-Dame de Lourdes, que le Vicaire du Christ allait couronner le lendemain.

La parole sainte était entrecoupée tantôt par de beaux chants, tantôt par les harmonies de l'excellente musique de l'école d'artillerie de Tarbes. M. le général de Franchessin s'était empressé de l'envoyer participer à ces grandes fêtes ; il y assistait lui-même avec plusieurs officiers et grand nombre de soldats. L'armée de la France sera toujours, quoi qu'on fasse, l'armée du Christ.

Une grand'messe fut ensuite chantée devant cette assistance profondément recueillie.

Cependant les heures passaient, et les foules étaient là sous le soleil ardent du Midi. On chanta encore; les braves militaires, à peu près à jeun, ne se lassèrent pas de renouveler les sons tantôt joyeux et mâles, tantôt doux et religieux, de leur ravissante musique. Enfin, après six heures d'attente, l'on vit descendre lentement, de la basilique vers l'estrade, le long et magnifique cortège des évêques et du clergé. Les pontifes se placèrent en ordre sur l'estrade, environnant de leur majesté le délégué du Saint-Père, qui allait, en son nom, donner la bénédiction papale. Ce fut un moment solennel, la vallée et les collines, couvertes par les fidèles, rappelaient magnifiquement la place Saint-Pierre de Rome; l'image de Pie IX, rayonnant au frontispice de la basilique, semblait embrasser dans un regard d'amour toutes ces multitudes accourues de toute la terre; et son représentant, levant la main pour bénir, fit en réalité descendre la bénédiction du ciel sur la Ville et le monde, *Urbi et Orbi*.

Quand le jour tombait, une autre fête commença, ou plutôt la même fête continua sous une forme plus douce et plus éclatante.

Le R. P. Roux enthousiasma encore les milliers et les milliers de pèlerins que les alentours de la Grotte ne contenaient plus depuis longtemps. L'amour de Marie Immaculée et l'amour du Vicaire du Christ éclatèrent de son cœur en un hymne que redirent au loin les échos des cœurs, des montagnes et du ciel. Les chants reprirent avec la puissance des flots de l'Océan, et un jour nouveau se leva sur la vallée.

La basilique apparut illuminée comme la Jérusalem céleste. Des cordons de feu dessinaient admirablement toutes les lignes architecturales de la façade de l'église. L'illumination, comme un courant électrique, fit étinceler bientôt toute la vallée. Le couvent des Bénédictines montrait son ostensoir de feu; une étoile brillait au front du Carmel. Tous les édifices, toutes les maisons furent bientôt en feu jusque dans la dernière rue de la religieuse cité de Lourdes.

En même temps, cinquante mille pèlerins allumaient leurs flambeaux et commençaient leurs processions *infinies*. « Ce fleuve d'étoiles » partait de la Grotte, gravissait la montagne, embrassait la basilique d'une couronne d'amour, descendait majestueux vers l'esplanade, où il étendait ses flots immenses comme une mer ; il recommençait ensuite sa course, ou par les voies déjà parcourues, ou vers la ville de Lourdes, rencontrant partout sur son chemin d'autres processions de lumières, qui semblaient l'embrasser en le croisant.

En même temps, un océan de voix humaines faisait entendre les allégresses de l'*Ave Maria*, ou les supplications des litanies et des cantiques populaires qui demandaient grâce pour la France du CHRIST.

Tout à coup, une détonation se fait entendre sur la montagne, des serpents de feu montent comme des éclairs vers le ciel ; ces fusées immenses se courbent gracieusement sur la basilique et l'inondent de milliers d'étoiles qui brillent de toutes les couleurs de l'arc-en-ciel. C'est le ciel qui répand toutes ses splendeurs sur la chapelle consacrée.

Bientôt la basilique elle-même paraît tout en feu. Des foyers puissants de feux de Bengale lui donnent successivement toutes les nuances les plus éclatantes et les plus douces, où les lignes de l'illumination apparaissent comme des diamants précieux.

C'était la fête de la basilique ; c'était aussi la fête de la Vierge immaculée. La montagne s'illumine vers son sommet, et, sur ce nouveau Thabor, on lit au loin, dans les airs, en lettres fulgurantes :

VIVE NOTRE-DAME DE LOURDES !

Des globes bleus et blancs, s'élevant à droite et à gauche, venaient, en se croisant, former un bel arc de triomphe sur Notre-Dame de Lourdes.

Quand on eut assez longtemps admiré et applaudi cette ravissante apparition, la montagne éclata comme un volcan et lança dans les airs un splendide bouquet final dont les feux, les étoiles, les globes et les tonnerres résumaient les gloires de cette incomparable journée.

Le 3 juillet eut lieu le couronnement de la Vierge.

La cérémonie commença à neuf heures, par une Messe pontificale pendant laquelle Mgr Pie, l'éloquent évêque de Poitiers, prononça une de ces homélies remarquables dont il avait le secret.

Après l'office, la couronne fut bénie par Son Excellence le Nonce, au nom du Pape. Cette cérémonie liturgique terminée, Mgr Meglia prit la couronne entre ses mains, gravit un escalier qui aboutissait à la niche au-dessus de l'autel et déposa cette couronne sur la tête de la statue.

A cette heure suprême, au fond du Vatican, Pie IX agenouillé saluait lui aussi dans sa captivité Celle que l'Église décore du beau titre de « Consolatrice des affligés ».

Terminons ce récit par la publication du bref que Pie IX adressa aux Évêques réunis à Lourdes.

BREF AUX ÉVÊQUES RÉUNIS A LOURDES

A notre cher fils Joseph-Hippolyte Guibert, cardinal-prêtre de la sainte Église romaine, du titre de Saint-Jean Porte-Latine, par la grâce du Saint-Siège archevêque de Paris, et à nos vénérables frères les archevêques et évêques réunis pour les solennités de Lourdes.

PIE IX, PAPE

« Cher Fils et vénérables Frères, salut et bénédiction apostolique.

« Quand Nous avons prescrit de procéder à la consécration de l'église de Lourdes et au couronnement de la vénérable statue honorée en ce lieu, Notre dessein n'était pas seulement de donner un témoignage public de notre dévotion envers la sainte Mère de Dieu ; Nous voulions aussi, en présence des calamités dont la religion chrétienne est menacée à l'heure actuelle, fournir un nouveau stimulant à la piété des fidèles, de ceux de France en particulier, afin de les engager à réclamer avec plus d'insistance l'aide de notre céleste Patronne et à redoubler de confiance en sa puissante protection. Nous avons eu la joie d'apprendre, par votre lettre du 4 juillet, que vous avez tous déployé le plus grand zèle pour réaliser Notre pensée, et que Nous avons déjà en partie atteint le but que Nous nous étions proposé, puisque d'innombrables foules de pieux fidèles, suivant votre exemple, étaient accourus dans la basilique sacrée pour honorer la Vierge Immaculée et implorer son secours.

« Cette éclatante manifestation ... et de piété Nous comble d'allégresse et Nous laisse concevoir l'espérance que le Dieu tout puissant, déférant aux supplications de s... sainte Mère, sauvera non seulement votre illustre nation, mai... ut le peuple chrétien de la tempête et des dangers qui me... ...urd'hui, consolera les affligés, fortifiera les f... ...s, é... ...es aveugles, ramènera les pécheurs dans la voi... ...ataire du repentir, et rendra enfin à la société humaine, bouleversée par tant de secousses, la paix que nous demandons depuis si longtemps. Ce qui reste à faire maintenant, c'est de veiller à ce que cette ardeur de dévotion qui vient de se manifester d'une façon si m... ...se, loin de s'attiédir, s'accroisse et s'étende de plus en p... ...us travaillerez, Nous en avons la ferme confiance, à procurer ce résultat de concert avec les autres évêques du monde catholique.

« En attendant, Nous aimons à vous louer de ce que vous avez fait jusqu'ici, et à vous remercier des sentiments que vous Nous avez exprimés. En même temps, comme gage de la bénédiction divine et comme témoignage de Notre particulière affection, Nous accordons dans le Seigneur Notre bénédiction apostolique, à vous, Notre cher fils, et à vous, vénérables frères, ainsi qu'au clergé et aux fidèles qui sont confiés à votre vigilance pastorale.

« Donné à Rome, près Saint-Pierre, le 22 juillet de l'année 1876, et la trente et unième de notre pontificat.

« PIE IX, Pape. »

Ajoutons à ce document précieux qu'il y a au Vatican dans la chapelle où le Pape entre seul une reproduction de la grotte de Lourdes avec un bassin plein de l'eau miraculeuse.

Voilà ce qu'a fait l'autorité ecclésiastique pour Lourdes. Après avoir attendu les preuves irrécusables de l'Apparition, après avoir recueilli l'avis de la Commission d'enquête, l'Église a parlé.

Lourdes est aujourd'hui une terre sainte, où l'Église permet que l'on s'agenouille et que l'on prie.

VI

LES MIRACLES

« Celui qui proclame l'existence de l'infini, et personne ne peut y échapper, accumule dans cette affirmation, *plus de surnaturel qu'il n'y en a dans tous les miracles de toutes les religions* : la notion de l'infini a ce double caractère de s'imposer et d'être incompréhensible.

« La notion de l'infini dans le monde, j'en vois partout l'inévitable expression. Par elle, le surnaturel est au fond de tous les cœurs. L'idée de Dieu est une forme de l'idée de l'infini. »

PASTEUR
(Discours de réception à l'Académie Française.)

C'est le chapitre le plus délicat qui reste à écrire : *les Miracles !*
Ce mot seul a soulevé et soulève encore bien des tempêtes, et les polémiques sont aussi vives aujourd'hui qu'il y a vingt-cinq ans lorsque les premiers prodiges furent signalés.

Et cependant les miracles existent. Ils sont constatés par des hommes dont la bonne foi ne saurait être suspectée, par des médecins renommés ; et des milliers de pèlerins ont chanté le *Magnificat* et le *Te Deum* en présence des guérisons obtenues à Lourdes !

Bien des gens, et des plus considérables, sont allés à Lourdes, ont assisté à des pèlerinages, ont veillé dans les piscines et devant la grotte, cherchant partout le paralytique se levant après une immersion ou une prière.

Des médecins ont accompagné des aveugles pour voir s'ils recouvreraient la vue, et le miracle ne s'est pas accompli. La Vierge n'a pas daigné sourire à ces infortunés et ceux qui étaient là sont demeurés sceptiques et ont crié bien haut que les récits faits sur Lourdes étaient de pure imagination et que le surnaturel ne se manifestait point dans les guérisons constatées cependant au cours d'autres pèlerinages.

Mais à côté de ceux-là il en est qui ont vu. Des centaines de médecins ont reconnu les miracles et ceux qui ont lu l'excellent ouvrage du docteur Boissarie, intitulé : *Lourdes, Histoire médicale*, ont pu se convaincre que les miracles existent.

L'Église exigeant la plus grande réserve dans ces questions délicates, il est bon de n'accueillir que les faits les plus évidents; aussi, demandant à la science du docteur Boissarie l'autorité qui pourrait nous manquer, nous empruntons à l'ouvrage du médecin, qui a vu et constaté, quelques pages de son intéressant récit.

Parlons d'abord un peu du bureau des constatations médicales.

Ce bureau est présidé par M. le docteur de Saint-Maclou.

Une vingtaine de médecins venus de tous les coins de la France le composent.

Il est d'ailleurs ouvert à tous ceux qui viennent à Lourdes et qui veulent voir de près les effets du surnaturel.

En général les guérisons des maladies nerveuses ne sont pas enregistrées. Mais que d'autres se manifestent aux yeux des médecins émerveillés.

Ni l'air de la montagne, ni l'eau froide et naturelle de la grotte reconnue par l'analyse dépourvue de toute qualité curative, ni la suggestion, ni la volonté, rien de tout cela ne peut guérir un poitrinaire, un paralytique, ou un aveugle.

Et c'est par milliers que l'on compte ceux que Dieu favorise en leur enlevant leurs infirmités.

Parmi les principaux médecins témoins des guérisons, M. le docteur Boissarie cite : MM. les docteurs Dozous, qui constata les premières guérisons; Vergez; Fabre, professeur à l'École de médecine de Marseille; Maurel; Audibert, chef de clinique adjoint des hôpitaux de Marseille; le professeur Chrestien; Régnault et Petit, professeurs à l'École de médecine de Rennes; Thibault; Charruau; Mahol; Thoinnet; Jouon et Lebrun, de Nantes; Payan, d'Aix, membre de l'Académie; Puech, de Nîmes; Cochet, d'Avranches; Mascarel, de Châtellerault; Blognie, de Limoges; Juinaud, de Barèges; Martel, de Béziers; Chétail, de Saint-Étienne; Hellot, de Rouen, etc., etc.

Quel miracle choisir maintenant! quel prodige enregistrer! quelle merveilleuse guérison allons-nous relater! Il en est une qui a plus particulièrement frappé d'admiration ou d'étonnement le corps médical de France : c'est celle de Pierre Delannoy accomplie pendant le pèlerinage national de 1889.

Nous citons le docteur Boissarie.

« L'homme que nous avons vu à Lourdes, du 20 au 22 août 1889, est-il bien le même, qui, depuis 1883 jusqu'en 1889, a successivement passé seize fois dans différents services des hôpitaux de Paris ? — Une dépêche, envoyée le 1er septembre de l'hôpital de la Charité, dissipe tous les doutes de ce côté.

« On télégraphie : « Nous avons vu Delannoy quatre fois cette semaine; les médecins sont renversés; il marche comme un facteur rural. »

« Les diverses opinions des douze médecins des hôpitaux de Paris, qui ont donné leurs soins éclairés pendant ces six années à Pierre Delannoy, ont toutes été consignées sur les feuilles d'observation, et reproduites dans les certificats que l'administration de l'Assistance publique délivre aux malades à leur sortie des hôpitaux. Ces certificats, bien en règle et tous munis de leurs dates et du cachet de l'administration, nous ont été présentés, et ont pu nous aider à reconstituer l'histoire pathologique de Delannoy, comme à en fixer, d'une manière indéniable, les diverses périodes et leur ordre de succession.

« Pour obtenir le diagnostic, il n'y a qu'à lire le tableau ci-après :

ANNÉES	MÉDECINS AYANT TRAITÉ	NOMS DES HOPITAUX	NOM DE LA MALADIE
1883	Pr Charcot.	Salpêtrière.	Ataxie locomotrice.
1884	Dr Gallard.	Hôtel-Dieu.	Ataxie locomotrice.
1885	Dr Rigal.	Necker.	Ataxie locomotrice.
1886	Pr Ball.	Laënnec.	Ataxie locomotrice.
1887	Dr Rigal.	Necker.	Ataxie locomotrice.
1887	Dr Empis.	Hôtel-Dieu.	Ataxie.
1887	Pr Laboulbène.	Charité.	Ataxie locomotrice.
1888	Dr Rigal.	Necker.	Ataxie locomotrice.
1888	Pr Ball.	Laënnec.	Tabes ataxique.
1888	Dr X...	Beaujon.	Tabes dorsal.
1888	Dr Ferréol.	Charité.	Ataxie.
1888	Dr Gérin-Roze.	Lariboisière	Ataxie locomotrice
1888	Dr Bucquoy.	Hôtel-Dieu.	Ataxie.
1889	Drs Sée & Durand-Fardel	Hôtel-Dieu.	Ataxie locomotrice.
1889	Dr Dujardin-Beaumetz	Cochin.	Ataxie locomotrice.
1889	Dr Mesnet.	Cochin.	Sclérose des cordons postérieurs de la moelle.

« Si le doute était possible devant une pareille unanimité, les divers traitements suivis par Delannoy pourraient encore nous renseigner d'une façon certaine. Delannoy a été pendu cinquante fois, brûlé au fer rouge plus souvent encore, il a eu des cautères. Le diagnostic de sa maladie est écrit sur son dos en caractères indélébiles.

« Non seulement ce malheureux était atteint d'ataxie, mais il avait depuis longtemps traversé la première et la deuxième période de la maladie ; il entrait dans la troisième : Période paralytique de Charcot. Dans ces conditions, les lésions de la moelle sont irrémédiables ; les éléments nerveux ont diminué au point de disparaître. La guérison est presque impossible. Dans tous les cas, elle ne pourrait se faire, d'une façon très incomplète, que graduellement pendant des mois et des années.

« Cependant Delannoy a guéri subitement le 20 août 1889. Il

a guéri non pas dans la piscine; mais pendant qu'il était agenouillé sur les dalles de la Grotte et que le Saint-Sacrement passait près de lui.

« Il était là le front contre la pierre qu'il baisait humblement. Et pendant que la foule criait : Seigneur, guérissez-nous ! cet ouvrier malade disait à haute voix: « Notre-Dame de Lourdes ! guérissez-moi s'il vous plait et si vous le jugez nécessaire. »

« Aussitôt il a éprouvé la sensation très nette d'une force qui le poussait à se relever, à marcher. Il s'est relevé, il a marché seul, sans appui, sans plus ressentir ni trouble ni douleur, avec une complète et définitive coordination de ses mouvements.

« Quel est l'homme de bonne foi, ajoute le docteur Petit, le savant intègre qui refuserait de s'incliner devant un fait aussi merveilleux ! Une guérison comme celle de Pierre Delannoy n'a pu s'effectuer que sous l'action directe de Dieu tout-puissant, passant réellement au milieu de la foule, près de cet ouvrier humble et pénitent, prosterné avec confiance dans la poussière bénie de la Grotte. »

Dans les Annales il faut lire cette observation dans son entier. Il n'y a pas de fait mieux étudié et plus convaincant. Au mois d'août dernier, pendant le pèlerinage national, Delannoy avait pris rang parmi les brancardiers pour porter les malades des hôpitaux aux piscines et personne n'était plus leste, plus agile que lui.

Et la guérison de M. Henri Lasserre, le savant historien de Lourdes ! C'est une des plus retentissantes :

« Henri Lasserre avait une hyperémie, une congestion de la pupille. Les deux oculistes les plus distingués de l'époque : les docteurs Demarres et Giraud-Teulon, après avoir constaté la lésion de la rétine, avaient mis tout en œuvre pour en arrêter le développement. Le repos absolu des yeux, le séjour à la campagne, l'hydrothérapie, les toniques, tout avait été fait et tout était resté sans effet. Peu à peu la vue s'affaiblissait et les yeux avaient fini par refuser leur service. Plusieurs mois s'étaient écoulés dans ce triste état. M. Lasserre se sentait devenir aveugle.

« Confiant dans la puissance divine, il demande de l'eau de la grotte, se lave une fois les yeux et il est guéri.

« Son histoire de Lourdes est un hymne de reconnaissance. »

M. le docteur Bussière publie également le rapport suivant émanant du docteur Bernet, de la Faculté de Paris :

« Macary (François), âgé de soixante ans, menuisier à Lavaur, membre de la Société de Saint-Louis, nous consulta, il y a environ vingt ans, pour des varices qui occupaient le creux poplité et la partie interne du genou et de la jambe gauche. — On observait alors vers le tiers inférieur de ce membre un ulcère variqueux à bords calleux, avec engorgement considérable et douloureux des tissus. Il existait en outre, en dehors et en dedans de la partie supérieure du mollet, deux larges et anciennes cicatrices qui n'avaient rien de commun avec l'affection qui nous occupe et qui étaient le résultat d'un coup de feu reçu par le malade, vingt ans auparavant. Les veines dilatées l'étaient en si grand nombre et à un si haut degré, que, pour nous, les moyens chirurgicaux que l'on oppose à cette maladie étaient formellement contre-indiqués.

« Macary nous parut donc voué à une infirmité perpétuelle ; et nous ne conseillâmes que les moyens palliatifs, que, du reste, avaient déjà conseillés plusieurs de nos confrères.

« Dix-huit ans plus tard, il y a deux ans, Macary se représenta à notre consultation. Le mauvais état de sa jambe avait empiré. — Nous lui confirmâmes notre premier pronostic, et lui déclarâmes qu'il était urgent, pour amener l'ulcère à la cicatrisation, de se soumettre, comme unique moyen, au repos absolu et prolongé au lit, et à l'application de pansements méthodiques.

« Aujourd'hui 15 août 1871, Macary se présente cicatrisé. — Aucun appareil ne comprime la jambe, et pourtant il *n'existe pas l'ombre d'un engorgement*. — Ce qui nous frappe surtout, c'est que *les paquets variqueux ont entièrement disparu ;* qu'à leur place la palpation fait percevoir des cordons petits, durs, vides de sang et roulant sous les doigts. *La veine saphène interne a sa direction et son volume normal.* — L'examen le plus attentif ne fait découvrir aucune trace d'opération chirurgicale.

« Nous concluons que la science est impuissante à expliquer ce fait. Les auteurs sont tous d'accord sur ces points que les varices abandonnées à elles-mêmes sont incurables ; qu'elles ne guérissent pas par les moyens palliatifs, et *encore moins spontanément*; *qu'elles vont sans cesse en s'aggravant*, et qu'enfin on ne peut espérer la cure radicale, en faisant courir de graves dangers aux malades, que par l'application de procédés chirurgicaux. — Ainsi, le fait affirmé par Macary ne serait pas prouvé par des témoignages authentiques pris en dehors de lui, qu'il n'en resterait pas moins pour nous *un fait des plus extraordinaires*, et, tranchons le mot, *un fait* SURNATUREL.

« En foi de quoi nous signons le contenu du présent rapport.

« A Lavaur, ce 15 août 1872.

« BERNET,

« *Docteur-médecin de la Faculté de Paris.* »

Cette cure radicale s'est produite dans l'espace d'une nuit, sous la seule influence de l'application de compresses imbibées d'eau de Lourdes.

Quittons maintenant la France, et après avoir constaté que de nombreux miracles s'opèrent chaque jour en Belgique, en Espagne, en Italie, arrivons chez les musulmans, à Constantinople ! Là aussi la puissance de la Vierge se manifeste, les docteurs l'affirment et M. Boissarie écrit la page suivante :

« C'est un musulman, Mustapha, fournisseur des palais, qui semble avoir été l'objet des préférences de la Sainte Vierge. Après neuf mois de cruelles souffrances, il avait complètement perdu son œil droit. Dix-huit jours s'étaient écoulés lorsqu'une dame vêtue de blanc lui apparait pendant son sommeil et lui dit : « Je suis la Vierge vénérée dans la chapelle des Pères Géorgiens ; je t'ordonne d'aller immédiatement m'y adresser tes prières et tes actions de grâces. » A son réveil, Mustapha se trouvait radicalement guéri ; il ne connaissait pas la chapelle, mais, abandonnant aussitôt ses affaires, il prend le chemin de fer et arrive à Féri-Keuï, où il entend la messe et raconte sa guérison au Père supérieur.

« Son affirmation paraissant insuffisante, on lui demanda des preuves et des témoins ; quelques jours après, Mustapha revient avec plusieurs musulmans de ses amis. Tous certifient la maladie, la perte de l'œil, la guérison instantanée. Ces déclarations sont faites en présence d'un melkite, qui dresse un procès-verbal, signé et scellé par tous. »

Nous bornons là nos citations. Nos lecteurs en lisant l'ouvrage de M. le docteur Boissarie et de M. Henri Lasserre pourront voir tous les prodiges accomplis par l'intercession de la Vierge.

VII

DEMAIN

Que sera Lourdes, demain ? Quel sort est réservé à ce petit coin des Pyrénées ? C'est une question que bien des gens se posent aujourd'hui, et beaucoup ne songent pas à cacher leur inquiétude. Il semble, à les entendre, que cela doive s'éteindre comme tout le reste ici-bas, et qu'un jour viendra où l'herbe croîtra sur les chemins qui conduisent à la grotte, laquelle deviendra à son tour un nid d'oiseaux de proie !

Cette inquiétude, nous ne saurions la partager.

Lourdes n'a pas surgi par la volonté de l'homme. Ce n'est pas une fée plus ou moins humaine qui, de sa baguette magique, a transformé ce pays naguère si désolé, aujourd'hui si brillant, si prospère.

Il y a pour le croyant la promesse de la Vierge et le désir exprimé par Elle : « Qu'il vienne ici beaucoup de monde. »

Pour l'indifférent, il y a comme une fascination, comme un attrait, comme un charme qui se dérobe à l'analyse, mais qui existe et qui attache le passant, là, devant ce rocher qui a subi l'assaut le plus formidable qu'ait livré l'incrédulité en cette seconde moitié du xixe siècle, et qui est toujours debout.

Le temps pourra peut-être laisser un peu de poussière sur la basilique et la grotte ; les années arriveront peut-être à rendre moins vives les couleurs des bannières flottant aux voûtes des temples ; mais le monde n'oubliera jamais qu'un jour, loin de la foule, dans cette cavité sombre, apparut la Dame idéalement belle qui dit à Bernadette des choses mystérieuses; le monde n'oubliera jamais la lutte que dut soutenir la bergère pour affirmer ce qu'elle avait vu, et les Français n'oublieront pas surtout que c'est au lendemain des désastres et des hontes de l'année terrible, au lendemain de Sedan, au lendemain de la trahison et de la défaite, que l'univers entier est venu prier la Vierge de France sur le territoire français.

A ce moment nous étions seuls, livrés à notre faiblesse; notre pays opprimé de toute façon par la force semblait n'avoir plus de vie, et la gloire paraissait s'être enfuie de notre ciel à jamais assombri. Et voilà que les portes de la basilique s'ouvrent; des hommes de foi font le pèlerinage de l'expiation; le drapeau troué par les balles s'incline devant la Vierge, et, à la suite de cette poignée de braves, les nations viennent et la France, au point de vue moral et intellectuel d'ailleurs, restait la maîtresse du monde, et c'est chez elle que les malheureux et les mourants venaient chercher la consolation et le salut.

Lourdes est ce phare qui brilla d'un éclat surnaturel dans la nuit de 1871, et nos soldats vaincus durent souvent ouvrir leurs rangs pour laisser passer les étrangers qui allaient sur la terre de France implorer la Mère de Celui qui a fait des Francs son peuple favori.

Il y eut à ce moment des heures bien solennelles, et un des survivants de cette époque, qui nous a raconté ce qui sera plus tard l'une des pages glorieuses de l'histoire du pays, avait encore au fond de l'âme une émotion dont il ne pouvait se défendre.

Lourdes est comme une revanche nationale. On dirait que la Vierge, prévoyant ce qui arriverait, eût voulu réserver pour nous tous quelques suprêmes consolations et affirmer sa préférence pour la vieille Gaule et les fils des Croisés.

Lourdes est notre sanctuaire national. La France en sera toujours fière.

Lourdes est encore un sanctuaire miraculeux. Oh ! les critiques ne manquent pas sur ce point ; et plus d'un lecteur sourira de ce qu'il appellera notre naïveté ?

Et cependant comment nier l'existence des miracles ?

On peut croire aux miracles parce que des personnes dignes de foi ont affirmé avoir vu ces miracles; on peut croire aux miracles comme l'on croit aux récits des historiens qui le plus souvent n'ont rien vu, mais qui ont recueilli les récits transmis par les aïeux.

Les miracles attireront toujours les masses à Lourdes.

Enfin, Lourdes est un lieu de repos et de solitude et, en cette fin de siècle si agitée, plus d'un, attiré par cet aimant mystérieux, ira dans cette ville cachée dans un repli de montagne chercher l'oubli des tristesses du jour.

L'histoire de la Vierge est la plus belle, la plus sublime qu'il soit possible de rêver. Depuis l'étable de Bethléem jusqu'au Calvaire, c'est l'héroïne dans sa majestueuse simplicité.

Aussi beaucoup de ceux qui souffrent, beaucoup de ceux qui pleurent, beaucoup de ceux qui attendent encore l'espérance viendront chercher sur le rocher la trace de Celle qui mit au monde son Fils dans une crèche, au milieu des animaux, et qui, trente-trois ans plus tard, se tint debout auprès de la croix où mourait ce Fils.

A travers les dix-huit siècles qui nous séparent du grand drame viendra l'écho des plaintes de la Vierge, et, tandis que le soleil et l'azur mettront au cœur un peu de joie et d'oubli, il reviendra à l'âme comme un baume qui adoucira bien des douleurs.

VIII

BÉTHARRAM

Nous croyons être agréable à nos lecteurs en donnant quelques renseignements sur Notre-Dame de Bétharram, un des plus anciens sanctuaires dédiés à la Vierge.

Cette ville est à 24 kilomètres de Lourdes, et 25 de Pau. Elle est admirablement située sur le bord du Gave, dans la plaine de Nay. C'est encore un de ces coins des Pyrénées où le voyageur s'arrête émerveillé et ravi.

C'est vers l'an 1475 que la Vierge a choisi ce site pour y être honorée d'une façon spéciale. A cette époque de petits bergers faisaient paître leur troupeau sur le bord du Gave, lorsque tout à coup ils virent une lueur dans un buisson. Ils s'approchèrent surpris par ce phénomène et trouvèrent sur le sol une statue de la Vierge. Les habitants du village voyant là une indication donnée voulurent édifier un petit oratoire. Ils construisirent une chapelle de l'autre côté du Gave; mais dit l'historien, chaque fois que la statue était placée dans cette chapelle, chaque fois elle venait dans le lieu où elle avait été trouvée.

Ce fut alors que l'on bâtit la chapelle qui fut achevée en 1661, et qui plus tard fut confiée aux chapelains de Notre-Dame de Garaison.

En 1705 on construisit le Calvaire remarquable qui excite l'admiration générale. La Révolution arrive. Nous citons M. l'abbé Rossigneux.

La Révolution de 1789 dépouilla successivement Bétharram de

ses biens et de ses chapelains, que la Terreur obligea de se cacher ou de s'expatrier. Bientôt l'existence de la chapelle même fut menacée. Monestier, l'envoyé de Robespierre, vint, le 17 mars 1794, avec une horde de révolutionnaires, pour détruire l'œuvre de Dieu et de ses Saints. A son approche, les fidèles des villages voisins furent consternés : tout le monde gémissait et priait. En vain le maire de Lestelle essaie-t-il de conjurer l'orage en se présentant devant Monestier avec le Conseil municipal et en lui adressant quelques paroles courageuses. Monestier continue son chemin et va droit à la chapelle. Déjà la hache impie allait défigurer le portail de Notre-Dame et s'abattre sur tout ce qu'il y avait de saint et de précieux dans l'intérieur de l'église. Marie l'en empêcha. Sensible à la pieuse désolation des fidèles, elle offre à son Fils leurs ardentes prières, et le souverain arbitre de nos volontés change en un moment les pensées et le cœur du farouche représentant. Sur une simple observation du maire, Monestier s'apaise et crie à sa troupe : « Respectez ces chefs-d'œuvre. » — On obéit, mais c'est pour se précipiter dans le lieu saint et pour y commencer la dévastation et le sacrilège. « Au nom des arts, s'écrie le maire heureusement inspiré, je demande que ce monument soit conservé »; et Monestier de lui accorder aussitôt sa requête. Il fit sortir ses gens et murer les portes de la chapelle, mais il abandonna à leur fureur tous les beaux et pieux ouvrages du Calvaire.

Lors du rétablissement du culte, au commencement de ce siècle, l'administration diocésaine racheta la maison et la chapelle de Bétharram, releva les ruines de son Calvaire par les soins du Père Joseph, un des capucins que cette maison avait abrités un instant pendant la tourmente révolutionnaire. Caché dans le pays, où il rendit de grands services à la religion, pendant que ses confrères s'étaient retirés en Espagne; dès que le ciel commença de s'éclaicir, il fit tous ses efforts pour rétablir le pèlerinage et fut aidé par la libéralité des ecclésiastiques et de personnes de haut rang, parmi lesquelles il faut compter la reine de Hollande. Mais son ouvrage, à cause du malheur des temps, laissait beaucoup à désirer. Ce ne fut qu'en 1845 que le Calvaire, après deux restaurations mesquines, grâce enfin au zèle des nouveaux Bétharramites, animés par Mgr Lacroix, successeur de M. d'Arbou, reprit et surpassa son ancien éclat.

LA CHAPELLE DE BÉTHARRAM

LA CAPÈRE DE BÉTHARRAM

Notre-Dame du bout du pont,
Venez à mon aide à cette heure.

Nousté Dame deü cap deü poun,
Adyudat-mé à d'aquest' hore.

I

Quand le Gave en gémissant dit adieu aux montagnes et s'avance dans ses sauts hardis à travers les bois et les prés, on dirait qu'il craint de rencontrer des chaînes sur ses bords émaillés de fleurs.

Cependant il s'arrête tout à coup et baigne avec amour une jolie Chapelle consacrée par les bonnes gens à la Mère du bon Dieu. Déjà du temps des preux Gastons elle appelait de loin le pieux pèlerin.

Mais on ne la nommait pas comme aujourd'hui Bétharram. Je vais, mes amis, vous conter d'où lui vient ce nom.

I

Quoan lou Gabe, en braman, dits adiü à las pennes,
Y s'abance, à pinets à trubès boscs et prats,
Qué diséren qué craing dé rencountra cadénes
    Süs bords dé mille flous oundrats.

Aü bou temps deüs Gastous, ue béroye Capère
Counsacrade peü pople à la May deü boun Diü.
La qui touts ans dé loucing lous Beürralmes (¹)
    [appère,
Qu'ère déya ségude aü bord d'eü gran arriü.

Mes n'ère pas labets coum adare noummade,
N'ère pas *Bétharram* : qu'eb bouy doune racounta
Lous més amics, quin hou la Capère estréade
    Deü noum qui tien despuch-enta.

II

Un peu au-dessus de la Chapelle, une fillette des environs folâtrait, vive et légère, et remplissait sa corbeille de fraîches et délicates fleurs.

Mon Dieu! quel beau lys se mire là dans le cristal de cette eau claire et limpide, qui va baigner les pieds de la grand'ville!

II

Drin aü dessus de la Capère
Ue hilhotte deüs embirous
Houléyabe, bibt et leüyère,
Y qu'empléabe sa tistère
Dé las mey fresques de las flous.

Moun Diü ! la béroye flourette
Qui s' mirailhe hens lou cristaü,
Hens lou cristaü d'aquère ayguette,
Y tà bribente, y tà clarette,
Qui ba bagna lous pès dé Pau !

(¹) Nom que l'on donne à ceux qui vont en pélerinage à Bétharram.

Pour le cueillir, Jeanne empressée s'avance; son pied glisse, elle tombe, ô douleur! et le Gave emporte sa proie.

Alors la pauvrette élève son âme vers Celle qui sait nos douleurs, et aussitôt, du lieu où Notre-Dame est vénérée, un beau rameau se présente.

Elle le saisit, élève au-dessus des eaux sa tête humide, s'y soutient et gagne doucement le bord.

Ainsi Noé se croyait perdu, ce semble, quand le rameau, que la colombe tenait en son bec, lui annonça la fin du déluge.

Puisque Marie t'a sauvée par un miracle, va, mon enfant, va te remettre de ton effroi dans la Chapelle de ta Bienheureuse Patronne.

Oh! comme te voilà glacée et frissonnante de froid et de peur! L'eau coule à grosses gouttes de tes cheveux et de ta robe collée sur ton corps.

« Sans votre aide, ô Marie, « j'étais perdue, dit-elle; personne « ne m'avait vue tomber. Mais « vous qui m'avez entendue, « vous êtes aussitôt venue à mon « secours.

« Bonne Mère, dont la tendresse veille en tout temps sur

Per la coueilhe ère s'esdébure;
Lou pé qué l'eslengue y qué cat...
Gouyats! la terrible abenture!
Lou Gabe à l'arrouyouse allure
Qué la s'emboulègue au capbat.

La praûbotte estheba soun âme
A la qui sab noustes doulous :
Dé tire cadou bère arrame
D'aüprès deü loc oùn Nouste-Dame
Advade lous soûs serbidous.

Y, chens s'abusa, la maynade
Séseich, en l'estreignen pla hort,
La branque paü Ceü emblade :
Per aquet moyen ey saübade
Y douçamen mlade aü bord.

Taüs las nores du patriarche
Be s' credèn pergudes, pari,
Quoan, pourtan l'arramette à l'arche,
La Couloume per sa desmarche
Deü délutyé announcà la fi.

D'ue façou ta merbeilhouse
Puch qu'es arringade aü trépas,
Migue, hens la Capère oumbrouse
Dé ta patroune bienhurouse
Be t' rémetté dé toun esglas.

Diü dé you! quin es marfandide!
Quin trembles dé reth y dé poü!
Dé ta ratibe blangue gouhide
Y dé touhs pels, l'ounde limpide
En goutéyan, mouilhe lou seü.

« Chens boste ayde, qu'éri pergude, —
« Ça dits-ère, — Reyne deü Ceü!
« Arrés n'a bist quoan souy cadude;
« Més bous qui m'abet entenude,
« M'abet adjudade aüta-leü.

« Bonne May, pertout quen s' démoure
« La tendresse dé boste amou,

« nous, déjà le courant m'entraî-
« nait quand vous commandâtes
« à un arbre de me tendre sa
« plus belle branche.

« Je vous l'offre donc et la dé-
« pose sur votre autel en atten-
« dant le rameau d'or que je
« ferai luire ici, devant vous, à
« tout jamais : je m'y engage en
« ce jour.

« Et ne craignez pas, Sainte
« Vierge, que mon père me
« dédise. Ses agneaux paissent
« sur la montagne, ses blés cou-
« vrent et jaunissent la plaine ;
« ma mère obtiendra son aveu.

« Et moi, avec une ardeur tou-
« jours nouvelle, en mémoire de
« cet insigne bienfait, tous les
« mois, bonne Mère, je viendrai
« ici à vos pieds, vous ouvrir et
« vous donner mon cœur. »

« Quoan roullabi capbat l'escourre,
« Qu'abet dat ourdi à la cassourre
« Qu'embiesse ue arrame entà you.

« Youb-offri dounc ma bère arrame ;
« Qué la b' dépaûsi sùs l'aûta ;
« Y-mey que hey bot en moun âme
« Qu'aci daban bous, Nouste-Dame
« Gnaût *beth arram* qué lusira.

« Sente Bierye, n'oub-cau pas cragne
« Qué m'en desdigue lou mé pay :
« Sous moutous pêchent la mountagne ;
« Sous blads combrèchen la campagne ;
« Qu'eû héra counsenti ma may.

« Y you dab ue ardou nabère,
« En mémori dé tout aço,
« Tout més, en aqueste Capère,
« Oûn boste sente amou m'appère,
« Bierye, que b' oubrirey moun cô ! »

III

La Chapelle depuis fut en grand renom. Au milieu des *ex-voto* qui l'enrichissent, on voit entre les mains de la Mère de Dieu un beau rameau d'or.

De là le nom du lieu .. Souvent, loin du tumulte, un cœur blessé s'y guérit et s'y trempe fortement en méditant sur les souffrances du Sauveur.

Allons, allons dévotement à Bétharram. A Bétharram nous trouverons la paix de l'âme ; Marie essuiera nos pleurs et nous comblera des trésors du divin amour.

III

La Capère despuch estou fort renoumade
Aû miey deûs *ex-voto* dé soun riche trésor,
Qué byn enter las mas d'ue imatye sacrade
    L'ouffrande d'û *beth arram d'or*.

D'aquiù, lou noum deû loc. Souben, louelng d'eû
                               [hourbari,
Oun qué sy ba goari dé toute passiou,
En retrempan soun âme aû pensa salutari
Deûs turmens qui per nous pati lou Saûbadou.

Courret tà Bétharram, hilhots de la Nabarre,
Poplès de la Gascougne y deûs bords dé l'Adou :
La Bierye à Batharram nou hou yamey abarre
    Deûs trésor deû dibin amou.

LE NOUVEL OFFICE DE LOURDES

APPARITION DE L'IMMACULÉE VIERGE MARIE

Introït. Je vis la cité sainte, la nouvelle Jérusalem, qui venait de Dieu et descendait du ciel, ornée comme une épouse qui s'est parée pour son époux. *Ps.* Mon cœur éclate en un cantique excellent; c'est à la gloire du Roi que je consacre mon œuvre. Gloire au Père.

Introït. Vidi civitátem sanctam, Jerúsalem novam, descendéntem de cœlo a Deo, parátam sicut sponsam ornátam viro suo. *Ps. 44.* Eructávit cor meum verbum bonum, dico ego ópera mea regi. Glória Patri.

Oraison. O Dieu, qui par l'Immaculée Conception de la Vierge, avez préparé à votre Fils une demeure digne de lui, faites, nous vous en supplions, que, célébrant l'Apparition de cette Vierge, nous obtenions le salut de l'âme et du corps. Par le même J. C. N. S.

Oraison. Deus, qui per Immaculátam Vírginis Conceptiónem dignum Fílio tuo habitáculum præparásti: súpplices a te quæsumus; ut ejúsdem Vírginis apparitiónem celebrántes, salútem mentis et córporis consequámur. Per eúmdem Dóminum.

Épître tirée de l'Apocalypse du bienheureux Apôtre Jean. 11.

Léctio libri Apocalypsis beáti Joánnis Apóstoli.

12. Le temple de Dieu fut ouvert dans le ciel, et l'arche de son alliance y parut; et il se fit des éclairs, on entendit des voix, la terre trembla et il tomba une forte grêle. Un grand prodige apparut alors dans le ciel : une femme revêtue du soleil, ayant la lune sous ses pieds, et sur la tête une couronne de douze étoiles. Et j'entendis une grande voix dans le ciel, qui dit : Maintenant le salut de notre Dieu est affermi, et sa force et son règne, et la puissance de son Christ.

Apértum est templum Dei in cœlo : et visa est arca testaménti ejus in templo ejus; et facta sunt fúlgura, et voces, et terræmótus, et grando magna. Et signum magnum appáruit in cœlo : Múlier amicta sole, et luna sub pédibus ejus, et in cápite ejus coróna stellárum duódecim. Et audivi vocem magnam in cœlo dicéntem : Nunc facta est salus et virtus et regnum Dei nostri et potéstas Christi ejus.

GRADUEL. Les fleurs paraissent sur notre terre, le temps de tailler la vigne est venu, la voix de la tourterelle s'est fait entendre dans notre terre. Levez-vous, ma bien-aimée, mon unique beauté, et venez : ô ma colombe retirée dans les creux de la pierre, dans les enfoncements de la muraille.

GRADUEL. Flores apparuérunt in terra nostra, tempus putatiónis advénit; vox túrturis audita est in terra nostra. Surge, amica mea, speciósa mea, et veni : colúmba mea in foramínibus petræ, in cavérna macériæ.

Alleluia, alleluia. Montrez-moi votre visage, que votre voix se fasse entendre à mes oreilles; car votre voix est douce et votre visage agréable. Alleluia.

Allelúia, allelúia. Osténde mihi fáciem tuam, sonet vox tua in áuribus meis : vox enim tua dulcis, et fácies tua decóra. Allelúia.

Après la Septuagésime on omet l'*Allelúia* et le Verset qui suit, puis on dit :

TRAIT. Vous êtes la gloire de Jérusalem, vous êtes la joie d'Israël, vous êtes l'honneur de notre peuple. Vous êtes toute belle, ô Marie, et la tache origi-

TRAIT. Tu glória Jerúsalem, tu lætítia Israël, tu honorificéntia pópuli nostri. Tota pulchra es, María, et mácula originális non est in te. Felix es, sacra Virgo

nelle n'est point en vous. Vous êtes heureuse, ô Marie, Vierge sacrée, et digne de toute louange, vous qui avez écrasé de votre pied virginal la tête du serpent.

María, et omni laude dignissima, quæ serpéntis caput virgíneo pede contrivísti.

Au temps pascal :

Alleluia, alleluia. Les fleurs paraissent sur notre terre. Alleluia. La voix de la tourterelle s'est fait entendre. Alleluia.

Allelúia, allelúia. Flores apparuérunt in terra nostra. Allelúia. Vox túrturis audita est. Allelúia.

ÉVANGILE selon S. Luc. 1. En ce temps-là, l'Ange Gabriel fut envoyé de Dieu dans une ville de Galilée appelée Nazareth, à une vierge fiancée à un homme, lequel avait nom Joseph et était de la maison de David ; et le nom de la Vierge était Marie. Et l'Ange, étant entré près d'elle, lui dit : Je vous salue, pleine de grâce ; le Seigneur est avec vous, vous êtes bénie entre les femmes. Ce qu'ayant entendu, Marie fut troublée à la parole de l'Ange, et elle pensait en elle-même quelle pouvait être cette salutation. Et l'Ange lui dit : Ne craignez point, Marie, car vous avez trouvé grâce devant Dieu : voilà que vous concevrez dans votre sein, et vous enfanterez un fils, et vous lui donnerez le nom de Jésus. CREDO.

EVANG. sec. Luc.

In illo témpore, missus est Angelus Gábriel a Deo in civitátem Galileæ, cui nomen Názareth, ad vírginem desponsátam viro, cui nomen erat Joseph, de domo David, et nomen Vírginis María. Et ingréssus Angelus ad eam dixit : Ave grátia plena, Dóminus tecum, Benedícta tu in muliéribus. Quæ cum audísset, turbáta est in sermóne ejus, et cogitábat qualis esset ista salutátio. Et ait Angelus ei : Ne tímeas, María, invenísti enim grátiam apud Deum : ecce concípies in útero, et páries fílium, et vocábis nomen ejus Jesum. CREDO.

OFFERTOIRE. Je vous salue, Marie, pleine de grâce ; le Seigneur est avec vous, vous êtes bénie entre les femmes.

OFFERTOIRE. Ave grátia plena, Dóminus tecum, benedícta tu in muliéribus.

SECRÈTE. Que l'hostie de louange que nous vous offrons, Seigneur, par les mérites de la glorieuse et Immaculée Vierge, vous soit comme un parfum d'agréable odeur et nous donne, selon notre désir, la santé du corps et de l'âme.

COMMUNION. Vous avez visité la terre et vous l'avez arrosée abondamment; vous l'avez comblée de richesses.

POSTCOMMUNION. Que la droite de votre Mère Immaculée nous soutienne, Seigneur, nous que vous avez rassasiés d'un aliment céleste, afin que, aidés par elle, nous méritions d'arriver à la céleste patrie. Vous qui vivez.

SECRÈTE. Hostia laudis, quam tibi, Dómine, per mérita gloriósæ et Immaculátæ Vírginis offérimus, sit tibi in odórem suavitátis, et nobis optátam cónferat córporis et ánimæ sanitátem. Per Dóminum.

COMMUNION. Visitásti terram et inebriásti eam, multiplicásti locupletáre eam.

POSTCOMMUNION. Quos cœlésti, Dómine, aliménto satiásti, súblevet déxtera Genitrícis tuæ Immaculátæ : ut ad ætérnam pátriam, ipsa adjuvánte, perveníre mereámur. Qui vivis.

AUX PREMIÈRES VÊPRES
Comme à l'Ordinaire de la Sainte Vierge, excepté ce qui suit :

ANT. 1. Elle est le plus pur rayon de la lumière éternelle, et un miroir sans tache.

2. Une femme revêtue du soleil, ayant la lune sous ses pieds et, sur la tête, une couronne de douze étoiles.

3. Vous êtes la gloire de Jérusalem, vous êtes la joie d'Israël, vous êtes l'honneur de notre peuple.

4. Vous êtes bénie, ô Vierge Marie, par le Seigneur Dieu très haut, plus que toutes les femmes de la terre.

ANT. 1. Candor est lucis ætérnæ,' et spéculum sine mácula.

2. Múlier amicta sole, et luna sub pédibus ejus,' et in cápite ejus coróna stellárum duódecim.

3. Tu glória Jerúsalem, tu lætítia Israël,' tu honorificéntia pópuli nostri.

4. Benedícta es tu, Virgo María, a Dómino Deo excélso,' præ ómnibus muliéribus super terram.

5. Aujourd'hui le Seigneur a tellement glorifié votre nom que votre louange ne tarira jamais sur les lèvres des mortels.

CAPITULE. Levez-vous, ma bien-aimée, mon unique beauté; et venez, ma colombe, dans les creux de la pierre, dans les enfoncements de la muraille; montrez-moi votre visage et que votre voix se fasse entendre à mes oreilles.

5. Hódie nomen tuum ita magnificávit Dóminus, ut non recédat laus tua de ore hóminum.

CAPITULE. Surge amica mea, speciósa mea, et veni colúmba mea in foraminibus petræ, in cavérna macériæ, osténde mihi fáciem tuam, sonet vox tua in áuribus meis.

Hymne *Ave maris stella.*

A *Magnificat* :

ANT. Celle-ci est ma colombe, ma toute parfaite, mon immaculée.

ANT. Ista est colúmba mea, perfécta mea, immaculáta mea.

ORAISON de la Messe, *Deus qui per Immaculatam,* ci-dessus.

AUX DEUXIÈMES VÊPRES

Comme aux premières, excepté ce qui suit :

Le Chef suprême de la foi définit que Marie est exempte de toute tache; la terre pleine d'allégresse célèbre le triomphe de la Vierge fidèle.

Apparaissant en personne à une humble jeune fille, elle la rassure dans son effroi et lui annonce de ses lèvres sacrées qu'elle est l'Immaculée Conception.

O heureuse grotte illustrée par la présence de la divine Mère ! O roches vénérables d'où des eaux salutaires s'échappent en torrent !

Ici affluent les pieuses caravanes formées de pèlerins du pays, ici se pressent les foules

Omnis expértem máculæ Mariam
Edocet summus fídei magister;
Vírginis gaudens célebrat fidélis
Terra triúmphum.

Ipsa se præbens húmili puéllæ
Virgo spectándam, récreat pavéntem,
Seque concéptam, sine labe sancto
Prædicat ore.

O specua felix, decoráte divæ
Matris aspéctu ! veneránda rupes,
Unde vitáles scatúere pleno
Gúrgite lymphæ.

suppliantes venues de l'étranger: tous réclament le secours de la Vierge puissante.

La divine Mère se laisse toucher par les prières et les larmes, elle accorde le salut aux malheureux qui l'implorent ; c'est après avoir vu ses vœux accomplis que la foule quitte ces lieux pour regagner la terre natale.

O Vierge, prenez pitié des infortunes de ceux que vous voyez à vos pieds; oh! réconfortez-nous dans nos épreuves et demandez pour ceux qui souffrent les joies sans mélange de l'éternelle vie.

Gloire à Dieu le Père, au Fils qui lui est égal, et à vous, ô Esprit, ô Vertu qui les unissez et qui aussi leur êtes égal : gloire à vous à jamais, ô Dieu un dans votre Trinité adorable!

Ainsi soit-il.

Huc catervátim pia turba nostris,
Huc ab extérnis peregrína terris
Affluit supplex, et opem poténtis Vírginis orat.

Excipit Mater lácrymas precántum,
Donat optátam miseris salútem ;
Compos hinc voti pátrias ad oras
Turba revértit.

Súpplicum, Virgo, miseráta casus,
Semper o nostros réfove labóres,
Impetrans mœstis bona sempitérnæ
Gáudia vitæ.

Sit decus Patris, genitæque Proli,
Et tibi compar utriúsque virtus
Spíritus semper, Deus unus omni
Témporis ævo.

Amen.

A Magnificat :

ANT. Aujourd'hui la glorieuse Reine du ciel est apparue sur la terre; aujourd'hui elle a apporté à son peuple les paroles du salut et le gage de la paix. Aujourd'hui les chœurs des Anges unis aux chœurs des fidèles tressaillent d'allégresse en célébrant l'Immaculée Conception. Alleluia.

ANT. Hódie gloriósa cœli Regina in terris appáruit; hódie pópulo suo verba salútis et pignora pacis áttulit; hódie Angelórum et fidélium chori Immaculátam Conceptiónem celebrántes gáudio exsúltant. Allelúia.

X

AVE MARIA

I

Ave, Ave, Ave, Maria !
Ave, Ave, Ave, Maria !

1. L'heure était venue
Où l'airain sacré,
De sa voix connue,
Annonçait l'Ave. *Ave.*

2. D'une main discrète,
L'Ange la prenant,
Conduit Bernadette
Au bord du torrent. *Ave.*

3. Un souffle qui passe
Avertit l'enfant
Qu'une heure de grâce
Sonne en ce moment. *Ave.*

4. Sur Massabielle,
Son œil voit soudain
L'éclat qui révèle
L'Astre du matin. *Ave.*

5. C'est un doux visage,
Rayonnant d'amour,
Qu'entoure un nuage
Plus beau que le jour. *Ave.*

6. Son regard s'inspire
D'un reflet divin;
Mais un doux sourire
Dit : Ne craignez rien. *Ave.*

7. Elle a la parure
D'un lys immortel;
Elle a pour ceinture
Un ruban du ciel. *Ave.*

8. On voit une rose
Sur ses pieds bénis,
Fraîchement éclose
Dans le paradis. *Ave.*

9. On voit un rosaire
Glisser dans sa main,
Et de la prière
Tracer le chemin. *Ave.*

10. L'âme palpitante
Le cœur enivré,
L'heureuse Voyante
Répétait : *Ave.*

II

1. L'extase s'achève,
Le monde revient;
L'enfant se relève
Disant : A demain ! *Ave*.

2. Avant chaque aurore
Son cœur en éveil
Par soupirs implore
L'heure du réveil. *Ave*.

3. « Mère de la terre,
Ne défendez pas
D'aller voir la Mère
Qui paraît là-bas ! » *Ave*.

4. « Elle était si belle !
Je veux la revoir...
Que désire-t-elle !
Je veux le savoir. » *Ave*.

5. Colombe fidèle,
Elle prend l'essor
Vole à tire d'aile
Au nouveau Thabor. *Ave*.

6. « O Dame chérie !
Que demandez-vous ?
Parlez, je vous prie,
Et dites-le-nous. » *Ave*.

7. « Avec vos compagnes
Venez quinze fois,
Près de ces montagnes,
Écouter ma voix. » *Ave*.

8. « Enfant généreuse,
Je vous le promets,
Vous serez heureuse
Au ciel pour jamais. » *Ave*

9. « Si vous êtes bonne,
Le monde est méchant;
Il ne me pardonne
De vous voir souvent. » *Ave*.

10. « Le savant s'offense
De votre bonté;
Je n'ai pour défense
Que la vérité. » *Ave*.

III

1. Près de la Voyante,
Au lever du jour,
La foule croyante
Se rend tour à tour. *Ave*.

2. La pauvre bergère,
Comme un séraphin,
Du ciel à la terre
Franchit le chemin. *Ave*.

3. La voilà ravie
Dans cette Beauté
Que le temps envie
A l'Éternité ! *Ave*.

4. De son blanc visage
Les traits allongés
Vers la sainte image
Semblent emportés. *Ave*.

5. Pendant sa prière
Brille sur son front
La pure lumière
De la Vision. *Ave*.

6. Le peuple fidèle
Admire à genoux
De l'Aube éternelle
Le reflet si doux. *Ave*.

7. « *Qu'avez-vous, Madame ?*
Murmure l'enfant,
D'où vient que votre âme
Est triste à présent ? *Ave.*

8. « *Que faudra-t-il faire*
Pour tarir vos pleurs ? »
— « *Prier*, dit la Mère,
Pour tous les pécheurs. *Ave.*

9. « Je veux qu'ici même
En procession,
Le peuple qui m'aime
Invoque mon nom. *Ave.*

10. « Que d'une *chapelle*,
Le marbre béni
Aux âges rappelle
Mon séjour ici. *Ave.*

IV

1. O profond mystère
D'un profond amour !
Faut-il qu'une mère
Trahisse à son tour ! *Ave.*

2. Deux fois Bernadette
Vient aux lieux aimés ;
Deux fois sur sa tête
Les cieux sont fermés. *Ave.*

3. O Dame clémente !
Ne savez-vous pas
Qu'à votre Voyante
On livre combats ? *Ave.*

4. Enfant, prends courage
Et bannis l'effroi :
Il faut que l'orage
Éprouve la foi. *Ave.*

5. « Elle m'est rendue,
Elle reparaît ;
Je goûte en sa vue
Un nouvel attrait ! *Ave.*

6. « Vision chérie,
Source de douceurs,
Mettez, je vous prie,
Comble à vos faveurs. *Ave.*

7. « On demande un gage
A votre Bonté :
Rendez témoignage
A la vérité. *Ave.*

8. « Que sur cette épine
Et sous votre pied,
Une fleur divine
Pousse à l'églantier. » *Ave.*

9. Par un doux sourire
Accueillant ces vœux,
Elle sembla dire :
Je donnerai mieux. *Ave.*

10. La fleur éphémère
Se dessèche et meurt ;
Le cœur d'une mère
N'est point cette fleur. *Ave.*

V

1. « *A cette fontaine*
Allez maintenant ;
L'eau dont elle est pleine
Voilà mon présent. *Ave.*

2. L'enfant prend sa course
Vers l'eau du torrent ;
Un signe à la source
Ramène l'enfant. *Ave.*

3. Ses doigts de la terre
Déchirent le sein ;
D'humide poussière
Elle emplit sa main. *Ave.*

4. Fontaine de vie,
Qui peut désormais
De ton eau bénie
Compter les bienfaits ! *Ave.*

5. Et vous dont la terre
Admire le don,
Céleste Étrangère,
Quel est votre nom ? *Ave.*

6. A votre servante,
Qui prie à genoux,
A votre Voyante
Le cacherez-vous ? *Ave.*

7. Au cœur de sa Mère,
Quatre fois l'enfant
D'une humble prière
Fait monter l'accent. *Ave.*

8. Paraît cette Fête
Où de Gabriel
L'Église répète
L'*Ave* solennel. *Ave.*

9. La Beauté rayonne
D'un nouveau reflet,
La Vierge abandonne
Son dernier secret. *Ave.*

10. A sa bien-aimée
L'Apparition
De l'*Immaculée*
Prononce le nom. *Ave.*

VI

1. Sainte Messagère
Remontez aux cieux ;
Et de notre terre
Portez-y les vœux ! *Ave.*

2. *Vous vouliez du monde*
Et de tous côtés,
Il vient, il abonde,
Il est à vos pieds. *Ave.*

3. Salut, ô Vallée,
O Trône d'amour,
Où l'Immaculée
A pris son séjour ! *Ave.*

4. Avec son Image,
Avec ses bienfaits,
Ta *Grotte* sauvage
N'est plus sans attraits. *Ave.*

5. La fontaine y coule
Sans jamais tarir ;
Ainsi vient la foule
Sans jamais finir. *Ave.*

6. Pieux sanctuaire.
Tu les vis présents,
De la France entière
Les nobles enfants ! *Ave*

7. La voûte sacrée,
Depuis ce grand jour,
De chaque contrée
A vu le retour. *Ave.*

8. Du trône de grâce
On sait le chemin,
Le pèlerin passe
Et passe sans fin. *Ave.*

9. Heureux qui voyage
En ces lieux bénis !
On y prend passage
Pour le Paradis. *Ave.*

10. Astre salutaire.
Que votre rayon
Nous mène à la terre
De la Vision. *Ave.*

Paris. — Imp. Lebas, faubourg St-Martin, 235.

www.ingramcontent.com/pod-product-compliance
Lightning Source LLC
LaVergne TN
LVHW050628090426
835512LV00007B/726